PAUL HERVIEU

DE L'ACADÉMIE FRANÇAISE

Le Dédale

PIÈCE EN CINQ ACTES, EN PROSE

*Représentée pour la première fois sur la scène du Théâtre-Français,
le 19 décembre 1903.*

NEUVIÈME ÉDITION

PARIS

ALPHONSE LEMERRE, ÉDITEUR

23-31, PASSAGE CHOISEUL, 23-31

M DCCCCIII

Le Dédale

PAUL HERVIEU

DE L'ACADÉMIE FRANÇAISE

Le Dédale

PIÈCE EN CINQ ACTES, EN PROSE

*Représentée pour la première fois sur la scène du Théâtre-Français,
le 19 décembre 1903.*

PARIS

ALPHONSE LEMERRE, ÉDITEUR

23-31, PASSAGE CHOISEUL, 23-31

M DCCCCIII

PERSONNAGES

MM.

MAX DE POGIS . . . . Le Bargy.

GUILLAUME LE BREUIL. . . Paul Mounet.

VILARD-DUVAL. . . . . Louis Delaunay.

HUBERT DE SAINT-ÉRIC . . Henry Mayer.

LE DOCTEUR. . . . . Siblot.

Un jeune Paysan. . . . . André Brunot.

Mmes

MARIANNE. . . . . Bartet.

MADAME VILARD-DUVAL. . Pierson.

MADAME DE POGIS . . . . . Renée du Minil.

PAULETTE. . . . . Leconte.

Le Petit LOUIS. . . . . Fleury.

Un Valet de Chambre, Un Valet de Pied,
Une Femme de Chambre.

———

Le Dédale

ACTE PREMIER

*Un salon. — Mobilier riche de bourgeois graves. — Une porte
au fond. Une porte à gauche, au premier plan ; une autre porte
à gauche, au second plan.*

SCÈNE PREMIÈRE

VILARD-DUVAL, puis GUILLAUME LE BREUIL.

UN DOMESTIQUE, entrant pour annoncer.

M. Le Breuil.

VILARD-DUVAL

Faites entrer, et avertissez ma fille. (Le domestique sort et Le Breuil est introduit.) Venez, mon cher Guillaume...

GUILLAUME

Ne me faites pas languir, monsieur Vilard-Duval. Dites-moi vite.

VILARD-DUVAL

Eh bien! ma femme refuse son consentement...

GUILLAUME

Oh! je n'admettais pas que ce fût possible!... Vous m'aviez prévenu, pourtant!

VILARD-DUVAL

Vous savez donc bien que ce refus ne vise en rien votre personne... Ma femme estime en vous le fils excellent d'un de mes anciens collègues à la Cour. Elle rend hommage à cette sorte de chevalerie que vous ont conférée les entreprises lointaines, vos luttes avec la nature, dans les pays

de grand élevage et de grandes chasses... Bref,
elle déclare que vous seriez le gendre de son
choix, si Marianne était veuve. Mais elle n'est
que divorcée : l'acte auquel sa mère refuse de
souscrire, c'est un mariage sans bénédiction reli-
gieuse.

GUILLAUME

Si votre femme ne reconnaît pas le divorce,
comment a-t-elle autorisé sa fille à le demander ?

VILARD-DUVAL

Vous me semblez ne pas bien connaître la
façon dont les choses se sont passées...

GUILLAUME

J'étais alors en Australie... Depuis mon retour
dans votre intimité, les sentiments que j'y montre
écartent de moi les bavards ; et ces sentiments,
aussi, m'ont retenu de questionner.

VILARD-DUVAL

En deux mots, voici l'histoire : M. de Pogis,

surpris par sa femme en flagrant délit, avait enlevé sa complice, une amie de Marianne. Je dé-
terminai ma fille à demander sa séparation de
corps, afin que le mari volage perdît le droit de
revenir un beau jour enlever, cette fois, l'enfant
commun. Trois ans plus tard, M. de Pogis repa-
rut, pour réclamer que le jugement de séparation
fût converti en divorce... Croyez bien que ma
femme ne se prêta pas à cette solution. Elle fit
plaider Marianne à outrance, lui prêchant que le
divorce était impie. Elle en détestait également
le caractère définitif. Ma femme, en effet, dans
son culte pour les liens du mariage, n'avait pas
encore désespéré d'une réconciliation entre les
époux.

GUILLAUME

Est-ce que votre fille se leurrait également de
cette possibilité ?

VILARD-DUVAL

Comment dire ?... Elle est restée si longtemps
taciturne, après le choc reçu !... En tout cas,
M. de Pogis ayant repris par jugement toute sa

liberté, personne n'eut plus ici à rêver de son retour. Il s'est remarié, depuis plusieurs mois déjà, donnant ainsi à sa maîtresse le nom sous lequel Marianne a continué de vivre chez nous... Mais, laissons cela. Je ne suis entré dans ces détails que pour vous expliquer comme quoi ma femme, à aucune époque, n'a transigé sur la question du divorce. Et je doute qu'elle transige jamais... Vous savez, d'ailleurs, que par sa naissance elle est d'une autre race que moi. Elle a reçu, au couvent, l'éducation des filles nobles. Tout semblait même incompatible entre nous : elle était pauvre; moi j'étais roturier. Mais l'amour vint et se chargea de nous assortir.

GUILLAUME

Cependant, vous n'avez pas abdiqué vos idées personnelles? Vous, n'est-ce pas, le divorce ne vous choque en rien?

VILARD-DUVAL

Oh! moi, j'ai employé ma carrière de magistrat à commander le respect de la loi. J'ai tou-

1.

jours traité en bons citoyens ceux qui l'obser-
vaient. J'ai condamné les autres. Aujourd'hui
qu'il s'agit, à mon foyer, d'un moyen que la loi
consacre, je désavouerais ma vie, je me renierais
moi-même, si je disais à ma fille : « Le divorce
est légal; mais la loi de ton pays ne signifie
rien ! »

GUILLAUME

Par conséquent, je peux compter sur vous
pour faire sentir auprès de votre fille, auprès de
votre femme, le poids de votre conseil et de
votre autorité ?

VILARD-DUVAL

Oui ! Je m'inquiète d'assurer, pour l'avenir, à
Marianne, un compagnon de votre sûreté. Quand
ma femme et moi, les vieux, nous nous serons en
allés, je veux penser que notre fille ne se trou-
vera pas seule au monde, avec un garçon qui,
peut-être, aura la mauvaise tête du père... Marianne, sans être encore intervenue, connaît par
moi l'insuccès de mon effort d'hier soir. Vous

allez, avec elle, examiner ce qu'il lui conviendrait
de tenter à son tour. Quoi qu'elle décide, dans la
circonstance, vis-à-vis de sa mère, je n'abandon-
nerai pas ma fille... La voici.

SCÈNE II

VILARD-DUVAL, GUILLAUME, MARIANNE.

MARIANNE, *entrant par la gauche, au second plan.*

Bonjour, Guillaume!

GUILLAUME

Chère Marianne!

VILARD-DUVAL

Il est informé.

MARIANNE

Ah!

GUILLAUME

Oui.

VILARD-DUVAL

Je vous laisse délibérer ensemble, à cœur ouvert. Je vais écrire chez moi. (A Guillaume) Ne partez
pas sans m'avoir reparlé.

GUILLAUME

C'est entendu. A bientôt!

(Vilard-Duval sort par la porte de gauche, au premier plan.)

SCÈNE III

GUILLAUME, MARIANNE.

MARIANNE

Vous êtes malheureux ?

GUILLAUME

Pas encore. Je n'imagine pas déjà que vous
soyez perdue pour moi.

MARIANNE

Que voulez-vous que je fasse ?

GUILLAUME

Vous n'ignorez pas que j'ai, sur toutes choses,
des vues simples, des manières expéditives. J'ai

rapporté cela de mon existence chez les sauvages. Ne vous choquez donc point de la question que je vais vous poser.

MARIANNE

Dites !

GUILLAUME

Marianne, je vous aime, vous m'acceptez, vous êtes libre, nous avons l'approbation de votre chef de famille. Répondez-moi si vous laisseriez prévaloir, contre tant de droits, le scrupule qui tombe du ciel sur nous ?

MARIANNE

Oh! mon ami! vous n'exigez pas de moi une rupture avec ma mère ?

GUILLAUME

En effet! Je n'écoutais que ma passion. Je me suis exagéré l'écho qu'elle peut avoir en vous !

MARIANNE

Pourquoi ce ton de reproche et d'amertume ?...

Lorsque vous m'avez offert de nous marier, je vous ai accueilli avec reconnaissance, avec tendresse. Mais, en même temps, je vous prévenais que vous songiez ainsi à vous donner une compagne dont les élans aveugles, les enthousiasmes fous étaient restés aux ronces de son chemin...

GUILLAUME

Je le reconnais : vous ne m'avez promis qu'un fidèle dévouement.

MARIANNE

Ce que mon cœur pouvait recouvrer, je vous bénis de me l'avoir rendu. J'en étais à la conviction que, sauf d'élever mon fils, je ne serais plus heureuse de rien. Vous m'avez vite persuadée que je pourrais l'être encore de faire votre bonheur... Ce n'est pas tout : vos flatteries ont bientôt ranimé mon pauvre orgueil, ces chères vanités de la femme que je croyais qu'on m'avait tuées. Mes idées devant vous, mes phrases pour vous se sont remises à faire de la toilette. L'impatience de vous attendre, la joie de votre présence, vos protestations, vos soins sont devenus comme des

fleurs quotidiennes, qui ont recommencé de
sentir bon dans les heures de ma vie...

GUILLAUME

Marianne!...

MARIANNE

N'est-ce là que du dévouement, sans rien de
plus vif ni de plus doux?

GUILLAUME

Ah! je suis sans doute ingrat, injuste, trop
exigeant! Mais c'est que, moi, je vous adore
avec la frénésie d'un premier amour!... Avant de
m'être rapproché de vous, je ne me doutais pas
que l'on fût sujet à concentrer sur un être unique
tous ses rêves et tous ses appétits, tous ses déli-
cieux espoirs et tous ses besoins de sacrifice. Il
m'a fallu vous connaître pour apercevoir de
quelles nuances subtiles, de quels chastes raffi-
nements est composé ce qui mérite de s'appeler
une Femme! Et vous m'avez enseigné ma dignité
d'homme, je vous dois le plus pur de moi-même

pour m'avoir fait éprouver que le respect peut
égaler le désir !

MARIANNE

Le bien que vous me faites, en me parlant
avec cette ardeur généreuse, je suis confuse de ne
savoir vous le payer que par des petits mots !

GUILLAUME

Ces petits mots, comme vous dites, je saurais
m'en contenter, si nous étions mariés. Je me
résignerais à ce que les grandes expressions ne
montassent jamais à vos lèvres, si vos lèvres
étaient à moi... Mais, dans la difficulté où nous
sommes, je frémis de mesurer, par votre langage, combien vos sentiments à mon égard sont
limités !... Puisque vous n'enfreindrez pas l'ordre
de votre mère, je n'aurais plus que la chance de
la voir céder à vos instances. Et vous n'aurez
pas, hélas ! l'angoisse, l'exaspération, la douleur
qui seraient nécessaires ! Vous manquerez de ces
plaintes, de ces cris, comme je me retiens de
vous en faire entendre, moi qui aime, moi qui
souffre !...

MARIANNE

Sachez bien, Guillaume, que je suis très émue
de vous voir dans cet état! Vous me touchez
infiniment!... Si vous supposez que pour vous
je ne sois pas prête aux larmes, faites-moi seulement envisager que vous seriez capable de m'en
vouloir, de me retirer vos bonnes attentions,
votre chère présence... Tenez : ce n'est pas seulement vous-même qui articulez cette menace,
et voici déjà que j'en pleurerais!...

GUILLAUME

Mon amie adorée, ne me laissez pas le temps
de vous demander pardon. Allez, avec ces nerfs
que ma brusquerie a secoués, allez, avec ce cœur
qui se gonfle, vous jeter aux genoux de votre
mère!...

MARIANNE

Quoi! tout de suite?

GUILLAUME

Allez lui dire que vous ne ferez pas mon mal-

heur. Allez lui montrer dans vos yeux que vous
n'en avez pas le courage!

MARIANNE

Je vous en prie, laissez-moi un délai pour me
recueillir, pour me préparer mieux à une discus-
sion si redoutable!...

GUILLAUME

Ah! que vous êtes vite redevenue prudente et
raisonneuse!... Mon pauvre amour ne trouve pas
dans ses ressources de quoi vous communiquer
l'inspiration. (Le timbre de l'entrée de l'hôtel retentit.)
N'arrivera-t-il rien, Marianne, que faudrait-il
pour faire surgir de vous une de ces lames de
fond qui emportent tout?

SCÈNE IV

GUILLAUME, MARIANNE, PAULETTE.

PAULETTE, entrant par le fond.

Je te dérange?

MARIANNE

Paulette! (A Guillaume.) Vous connaissez bien ma cousine de Saint-Éric?

GUILLAUME, saluant.

Parfaitement.

MARIANNE, à Paulette.

Depuis quand es-tu de retour?

PAULETTE

Je vais te raconter cela.

GUILLAUME

Je me retire...

MARIANNE, à Guillaume.

Vous devez une visite à mon père. Mais vous repasserez par ici, n'est-ce pas ?

GUILLAUME

Certes! avec joie!... A tout à l'heure !

(Il sort par la gauche, au premier plan.)

SCÈNE V

MARIANNE, PAULETTE.

MARIANNE

Je te croyais absente encore pour un mois.

PAULETTE

Dieu merci, non!

MARIANNE

Tu n'aimes plus la campagne?

PAULETTE

Quand on en a une, il faut bien continuer d'y
aller un peu.

MARIANNE

Tu te plaisais tant, jadis, à y retrouver le tête-à-tête conjugal...

PAULETTE, changeant la conversation.

Ton petit Louis va bien?

MARIANNE

A merveille. Ton fils aussi?

PAULETTE

Oui, merci... C'est gentil, hein? que nos deux garçons aient le même âge... Dix ans! Que de temps déjà où l'on a changé de coiffure, de figure et de nature!

MARIANNE

Est-ce que ton mari est revenu avec toi?

PAULETTE

Nécessairement. Tu auras aujourd'hui sa visite. Je me suis même arrangée pour le devancer ici. J'avais à te prévenir, par rapport à lui.

MARIANNE

Me prévenir de quoi?

PAULETTE

Malgré la grande intimité entre toi et moi, j'éprouve beaucoup de gêne à m'expliquer. Il faut que j'y sois obligée par les circonstances...

MARIANNE

Allons! parle!

PAULETTE

Hubert et moi, nous sommes arrivés de la Charmeraye, avant-hier. Pour l'emploi de ma première journée de retour je lui ai dit, hier soir, que je venais de la passer dans les magasins, avec toi...

MARIANNE

Oh! Paulette!... Que me forces-tu à supposer là!

PAULETTE

Ne t'occupe pas d'approfondir!... Accorde-moi seulement, s'il y a lieu, de confirmer mon allégation.

MARIANNE

Étais-tu donc interrogée?... Hubert t'aurait-il marqué un soupçon ?

PAULETTE

Non!... C'est moi que l'inquiétude agite, tant que je ne lui ai pas raconté, en rentrant, où je suis allée, quelles gens j'ai vus, ce que j'ai fait...

MARIANNE

Voilà un mari bien renseigné!... En tout cas, tu n'aurais pas dû disposer de mon nom, ni me destiner un emploi dans ce genre de comédie!

PAULETTE

Je ne pouvais pas prévoir qu'Hubert serait pris d'un beau zèle de politesse et dérogerait à ses habitudes. Quand il réintègre Paris, il laisse toujours s'écouler quelque temps avant de venir te présenter ses devoirs. Mon invention alors

aurait été déjà de l'histoire ancienne. Je n'y
aurais pas craint d'allusion. Et je me serais épar-
gné, crois-le, bien volontiers, de t'en instruire.

MARIANNE

Vois dans quelles complications tu risques
de m'entraîner : hier, je n'ai pas quitté ma mère
de tout l'après-midi. Prétends-tu la mettre de
complicité ? Pour mon compte, je te déclare
qu'en outre du respect je reculerais encore devant la rigueur que je lui connais sur le chapitre
du mariage.

PAULETTE

Prétextons auprès d'elle que je n'aie pas voulu
avouer à mon mari une visite de famille qu'il
m'aurait défendue. Une brouille entre parents,
quoi de plus naturel?

MARIANNE, sonnant.

Soit!... Faisons le nécessaire. (Au domestique qui est
entré.) Demandez à ma mère si elle peut recevoir
sa nièce de Saint-Éric.

LE DOMESTIQUE

Mme Vilard-Duval est sortie.

MARIANNE

Sans m'avertir?

LE DOMESTIQUE

Pendant que M. Le Breuil était là, elle a dit de ne pas déranger Madame, et qu'elle emmenait promener monsieur Louis.

MARIANNE

Bien.

(Le domestique sort.)

PAULETTE

Quelle chance!

MARIANNE

Oui, si ma mère ne rentre pas trop tôt, la situation est simplifiée. Mais il me reste, vis-à-vis de moi-même, à m'accommoder d'un rôle qui me déplaît au delà de ce que je peux dire!

PAULETTE

Tu en exprimes assez par le ton que tu mets !

MARIANNE

Mais aussi, ma chère, depuis le temps que
nous sommes liées, tu ne devrais pas ignorer
combien je suis rebelle aux compromissions, et
que je déteste le mensonge !

PAULETTE

J'ai peut-être eu un motif de croire que tu
n'étais plus si intransigeante...

MARIANNE

Quel motif ?

PAULETTE

Non, ne m'oblige pas à parler.

MARIANNE

Ah ! pas de réticence ! Tu as insinué :
Explique !

PAULETTE

Ce beau garçon qui sort d’ici...

MARIANNE

Guillaume?

PAULETTE

Oui, M. Le Breuil.

MARIANNE

Eh bien?

PAULETTE

Eh bien, voilà! C’est tout.

MARIANNE

Tu incrimines l’honnête affection qu’il me porte, et que je lui rends?

PAULETTE

Depuis un an, M. Le Breuil ne te quitte pas. Cela saute aux yeux qu’il t’adore. Tu l’écoutes avec une prédilection visible. D'après tout cela, je ne me serais, sans doute, rien encore formulé moi-même. Mais le jour où l'on est venu me dire quelque chose...

MARIANNE

Tu ne fais que d'arriver. C'est donc de ta villégiature que tu rapportes un propos contre moi? De qui le tiens-tu?

PAULETTE

Ce n'est point de ton mari... de Max, veux-je dire. Nous n'avons, d'ailleurs, plus aucune relation avec M. de Pogis. Hubert et lui se saluent, lorsqu'ils se croisent; ce qui est inévitable entre gens si voisins...

MARIANNE

Et elle?... Tu l'as rencontrée dernièrement?

PAULETTE

Je l'ai pu dévisager une fois sans qu'elle s'en aperçût. Elle a maigri. Ses yeux se sont creusés, mais ils n'en sont que plus impressionnants...

MARIANNE

Laissons cette gueuse !... Qu'est-ce qui t'a parlé de moi ?

PAULETTE

La mère de Max. J'ai continué à la voir. Elle est bien innocente, et je la sais bien malheureuse de ce que son fils a été envers toi.

MARIANNE

Alors, comment se permet-elle sur moi des diffamations ?

PAULETTE

Oh! la pauvre femme! Elle se défendait de tout jugement à ton préjudice. Elle me chargeait de te mettre en garde contre la médisance, dans l'intérêt de son petit-fils comme dans le tien. Il n'entrait que de la bonté dans ses recommandations.

MARIANNE

N'importe! Cette démarche contient pour

moi un grave avertissement. Il est temps que je remédie au mal, par le sacrifice qu'il faudra... As-tu su qui m'avait accusée dans l'esprit de Mme de Pogis?

PAULETTE

J'ai cru comprendre que c'était sa nouvelle bru, pour s'avantager d'autant qu'elle te nuirait.

MARIANNE

Et Max?... Quelle attitude a-t-il prise en cette occasion ?

PAULETTE

Sa mère m'a déclaré qu'il ne se doutait de rien.

MARIANNE

Allons donc! Celle qui me l'a volé aura saisi encore le moyen de me salir devant lui.

PAULETTE

Elle n'est probablement pas si bête que de réveiller sur toi, de la sorte, les idées de ton ancien mari.

MARIANNE

Que veux-tu dire?

PAULETTE

Il paraît que l’imagination de l’homme a des revenez-y vers une femme dont il ne dispose plus, dès qu’il lui faut se la représenter aux bras d’un autre.

MARIANNE

Oui, l’on a écrit là-dessus des romans, du théâtre... Tu crois, toi, que si Max apprenait que j’aime quelqu’un, il pourrait ressentir à mon sujet une velléité de regret, de désir?...

PAULETTE

Par dépit, par dépravation, oui, c’est fort probable.

MARIANNE

Tu crois que, par le seul fait d’avoir disposé de ma personne, j’aurais chance de lui infliger je ne sais quoi d’aigu peut-être et de pénible?

PAULETTE

Tu me presses de questions! Ma foi! je ne
peux rien t'affirmer. Tu as jadis témoigné à Max
tant d'amour que la fatuité pourrait le rendre
incrédule sur les consolations que l'on t'attribue-
rait. Je ne le vois pas, en effet, s'avouant que tu
l'as remplacé.

MARIANNE

Je peux lui en fournir la preuve indéniable.

PAULETTE

Comment?

MARIANNE

En me remariant.

PAULETTE

Tu ne dis pas cela sérieusement?

MARIANNE

Très sérieusement. Je ne suis pas la maîtresse

de M. Le Breuil. Je me considère comme sa fiancée. Et il est possible que, prochainement, je l'épouse.

PAULETTE

Oh! Marianne! Dans notre monde, une femme peut subir le divorce; mais elle ne peut pas en profiter pour s'offrir un nouveau mari. Tu encourrais la réprobation générale!

MARIANNE

Sur quoi se fonde cette réprobation?

PAULETTE

Ah! dame!... Que sais-je?... On n'a pas encore admis qu'une femme s'expose à mettre en présence le mari d'hier et le mari d'aujourd'hui. Il suffit de se représenter sa situation, à elle, entre ces deux hommes!

MARIANNE

Tu trouves plus décente la situation d'une femme entre un mari et un amant?

PAULETTE

Depuis que ce cas existe, l'opinion a eu le temps de s'y habituer.

MARIANNE

D'après ce que tolèrent tes préjugés, ma considération augmente pour ce qu'ils interdisent.

PAULETTE

Tu ne veux pas comprendre de quoi se choquent les convenances! C'est de l'attestation officielle que la même femme n'a rien de secret pour ces deux hommes qui sont là, en chair et en os. Mais la femme mariée qui prend un amant n'accomplit qu'une action cachée, où la pudeur mondaine n'est pas invitée à voir. Cela n'est inscrit sur aucun registre, cela ne se sait pas...

MARIANNE

Ah! ouiche!

PAULETTE

S'il en est su quoi que ce soit, nul n'a le droit d'en être certain...

MARIANNE

Vraiment!

PAULETTE

Si quelqu'un acquiert une certitude, par exemple, grâce à une confidence, son devoir est de l'oublier.

MARIANNE

Mais, petite malheureuse! toi, tu es bien certaine, tu ne peux pas oublier qu'ils sont deux vivants, deux bons vivants, je présume, à qui tu partages ta conscience et ta personne, tes instants et ton corps!... Je ne t'entends parler que des convenances d'autrui! Tu n'as donc pas les tiennes?... Est-ce que la façon dont une divorcée comme moi devient, sur des registres, la femme de deux hommes, à des années de distance entre eux, est-ce que cela peut se comparer à leur appartenir, alternativement, dans la chaude réalité?... Non, vois-tu, pour te garder quelque indulgence, j'ai besoin d'envisager les périls que tu braves. Cette audace seule réhabilite un peu la double

honte de l'adultère : ce mari trompé, avec qui
pourtant l'on trompe aussi l'amant.

PAULETTE, plaintivement.

Tais-toi!

(On entend un coup de timbre.)

MARIANNE

Prends garde! Voici Hubert.

PAULETTE

Mon Dieu!... Renvoie-le vite.

SCÈNE VI

MARIANNE, PAULETTE, HUBERT.

MARIANNE, à Hubert qui entre par le fond.

Bonjour!

HUBERT

J'ai tenu à venir vous serrer la main. Mais je suis dans l'affairement du retour. Je n'ai qu'une minute à moi.

MARIANNE

En ce cas, je me reprocherais de vous faire asseoir.

HUBERT.

Ça, c'est méchant!

MARIANNE

Mais non, cher ami...

HUBERT

Si! si! Vous ne demandez qu'à vous passer de
moi, pourvu que je vous laisse ma femme. Savez-
vous bien jusqu'à quelle heure, hier, vous l'avez
gardée?

MARIANNE

Non!

HUBERT

Mon dîner avait eu le temps de refroidir.

PAULETTE

Voyons, Hubert, ne revenez pas là-dessus!...

HUBERT

Il était huit heures et demie.

MARIANNE

On ne s'était pas vues depuis si longtemps!

PAULETTE, à Hubert.

Puisque vous êtes pressé, profitez de la voiture. Je vous poserai où vous voudrez. (Elle a gagné la porte du fond.) Partez avec moi.

HUBERT, à Paulette.

Dans un instant... Quand j'aurai dit à notre cousine combien je trouve que l'été lui a réussi... (A Marianne.) Vous n'avez jamais été plus séduisante!

MARIANNE

J'aimerais le croire.

HUBERT

Cela est si vrai, ma chère amie, que, chaque fois que je vous retrouve, mon grief se ranime contre ce Pogis de vous avoir quittée!... Évidemment, j'admets qu'un mari, à la dérobée, se donne du bon temps...

MARIANNE

Tiens! tiens!

HUBERT

J'excepte le cas où l'on est le mari de Paulette.

MARIANNE

A la bonne heure !

HUBERT

Mais ce qui n'est pas permis, c'est qu'on
renonce, de gaieté de cœur, à une femme comme
vous...

PAULETTE

Tout le monde est d'accord sur ce point. N'insistez pas. Venez.

HUBERT, s'asseyant.

Oh! moi, j'ai mon idée! Bien souvent j'ai
regretté votre retraite, votre abdication de vos
charmes...

MARIANNE

Vous avez été assez galant pour aujourd'hui.
Finissez !

HUBERT

Non! non! Croyez-moi : le beau Max se mordrait les doigts s'il vous voyait, enfin, vous jeter dans la vie élégante, étourdissante...

PAULETTE, impatiemment.

Oui, ce serait bien fait!... Venez.

HUBERT, de plus en plus installé.

Je ris de la tête qu'il ferait! Il me semble que je ne me retiendrais pas de lui glisser dans l'oreille : « Hé! dites donc? Votre femme dont vous n'avez plus voulu, regardez un peu si tout le monde n'est pas à en vouloir, et comme celui-ci, et comme celui-là en veut! »

PAULETTE

Il n'en finira pas!

HUBERT

D'ailleurs, Max n'aurait pas besoin qu'on l'aide à se vexer de votre succès. Il saurait bien, à lui tout seul, rager comme il faudrait...

PAULETTE, très pressante.

Allons, bavard, viendrez-vous?

MARIANNE

Vous entendez votre femme qui piaffe!

HUBERT, se levant enfin.

Réellement, vous n'avez jamais été tentée par ce genre de représailles?

MARIANNE

Jusqu'à aujourd'hui, non.

PAULETTE, dans un appel grondeur et suppliant.

Hubert!

HUBERT

Pensez-y!

MARIANNE

J'y pense.

HUBERT

Parfait! Nous recauserons de ça... Est-ce que je peux présenter mes hommages à votre mère?

MARIANNE

Elle est sortie.

HUBERT

Puis-je, du moins, saluer votre père?

PAULETTE

Il est occupé... Arrivez!

HUBERT

Alors, je reviendrai.

PAULETTE, bas à Marianne.

Ouf!

SCÈNE VII

MARIANNE, PAULETTE, HUBERT,
MADAME VILARD-DUVAL.

HUBERT, voyant entrer madame Vilard-Duval par la porte
de gauche, au second plan.

Mais que prétendait-on ? Vous êtes là, ma
tante !

MADAME VILARD-DUVAL

Je rentre à l'instant. Quelle bonne surprise de
vous trouver tous les deux ! Je ne vous savais pas
dans nos murs...

HUBERT

Comment cela?... Paulette, hier, a tenu compagnie à votre fille toute la journée.

MADAME VILARD-DUVAL

Hier?... Qu'est-ce que vous me chantez?

PAULETTE, à madame Vilard-Duval.

Si Marianne ne vous a rien dit, ma tante, la faute en est à moi... J'apportais de ma province une impatience si folle de courir les couturiers et les modistes!... J'ai enlevé votre fille sans avoir demandé à vous voir. (A Hubert.) Et, quand je me suis aperçue de ma grossièreté, je n'avais plus qu'une ressource : j'ai prié Marianne de dissimuler à ma tante que j'étais venue.

HUBERT, à Paulette.

Vous ne m'aviez pas raconté cette histoire?

MARIANNE, à Hubert.

C'était sans importance!

HUBERT, affectant la négligence.

Évidemment, c'était sans importance!

PAULETTE, à Mme Vilard-Duval, très vivement et bas, pendant
que son mari a le dos tourné et marche en tortillant sa moustache.

Ma tante, excusez-moi !

HUBERT, revenant à Marianne, avec un sourire contraint.

Il est pourtant compréhensible que j'éprouve
un peu d'étonnement. Vous ne trouvez pas?...

MARIANNE, cachant sa gêne dans de la promptitude à répondre.

Mais non, cher ami...

MADAME VILARD-DUVAL, coupant la parole à Marianne
pour s'en charger. A Hubert.

Vous allez comprendre combien la chose est
simple. (Hubert marque, avec un pas vers elle, sa confiance
comme dans un oracle. — A Paulette.) Sache que ma fille
n'a pas de cachotteries envers moi. Je n'ignore
rien de ce qui a occupé toutes ses heures d'hier.
Mais comme elle tenait à ce que je ne te fisse
pas grise mine pour ta négligence à mon endroit,
nous étions convenues que je me récrierais
d'étonnement quand tu voudrais bien te présenter à moi. (A Hubert.) Je viens de jouer mon
personnage.

HUBERT, avec un visage tout à fait détendu.

Bravo!... Figurez-vous que, pendant un instant!... (Il s'arrête, ne voulant pas articuler qu'il a failli se prendre pour un... mari trompé.) Mais, avec tout cela, le temps passe! (Consultant sa montre.) Je perdais de vue que j'ai un rendez-vous au club. Je suis bien fâché d'avoir à prendre congé de vous, ma tante. (Il a baisé la main de madame Vilard-Duval. — A Marianne, qui l'accompagne vers la porte du fond.) Je vous dis : Au revoir... (De loin, à sa femme.) Allons, Paulette, emmenez-moi.

PAULETTE, à madame Vilard-Duval.

Je voudrais vous demander bien pardon!...

MADAME VILARD-DUVAL

Emboîte le pas à ton mari. Un autre jour, tu me feras ta visite. Tu m'en dois une.

(Hubert et Paulette sortent.)

SCÈNE VIII

MARIANNE, MADAME VILARD-DUVAL.

MADAME VILARD-DUVAL

Tu regardes ta mère avec stupeur? Tu ne la
soupçonnais pas d'avoir à son service de pareilles astuces?... Que veux-tu? J'ai soudain entrevu qu'en hésitant à me prononcer je déter-
minerais peut-être l'effondrement d'un ménage.
J'ai fait alors ce que la charité me commandait.

MARIANNE

Chère mère, vous êtes meilleure que moi.
J'aurais perdu la situation par une impuissance
physique à faire front contre la vérité. Vous avez
été la bonté agissante, pitoyable à l'erreur, à la

faute. Aussi, je me sens désormais encouragée à comparaître devant votre cœur, quand même vous jugeriez bien coupable l'intention que je viens vous exprimer...

MADAME VILARD-DUVAL

Pardon ! Quand le mal est fait, il ne me reste plus qu'à lui donner ma miséricorde en lui souhaitant le repentir. Mais s'il s'agit d'un mal encore à faire, mon sentiment n'est plus que de lui résister.

MARIANNE

Comme vos principes retrouvent de la sévérité dès que vous devinez que c'est mon propre sort qui va être en cause !

MADAME VILARD-DUVAL

C'est vrai : à ton sujet, ma conscience se fait plus impérative. Toi, tu es ma fille !

MARIANNE

Oui, je suis votre fille. Et, à ce titre, je vous

supplie de revenir sur la décision que vous avez opposée à mon père, contre mes vœux.

MADAME VILARD-DUVAL

Ton père! Sur quoi se fonde-t-il pour approuver que tu accordes ta main à M. Le Breuil? Il invoque une loi des hommes, loi passagère qui n'existait pas encore lorsque je suis entrée en ménage avec lui, et qui n'existera peut-être déjà plus quand ton fils prendra femme!... Moi, ma fille, je m'appuie sur des préceptes immuables; je vous résiste au nom de la sagesse éternelle : le mariage que l'on a contracté devant Dieu dure jusqu'au dernier soupir de l'un ou de l'autre époux. Le mari que tu avais n'est pas mort; tu ne peux donc pas te remarier. Ma religion te le défend.

MARIANNE

Réfléchissez, ma mère, que les tristesses de mon existence, au lieu de susciter en moi un redoublement de ferveur, m'ont été une école de doute. Êtes-vous sûre qu'il vous appartienne moralement de m'immoler à une foi qui est la vôtre, mais non la mienne au même degré ? Votre sollicitude n'aperçoit-elle pas que vous êtes près d'accomplir, sur ce qui me reste de jeunesse et de vie encore palpitante, une sorte de sacrifice humain ?

MADAME VILARD-DUVAL

Tu ne me feras pas si facilement admettre que je sois une mère dénaturée. Avant de prétendre que je t'immole, que je te sacrifie, il faudrait m'avoir montré que tu dépéris d'amour, que tu te consumes pour M. Le Breuil !

MARIANNE

Vous savez que je suis, avant tout, un être de sincérité. Devant vous, comme devant Guillaume lui-même, je suis incapable d'une comédie sentimentale, d'une exagération. Je l'aime autant qu'il m'est possible ; je l'aime avec ce qu'il y a de plus honnête en moi. Et, dans mon projet d'être sa femme, je distingue trop de bonne pensée à son adresse, une volonté trop bienfaisante, pour croire que je marche ainsi vers quelque chose de réprouvé. Je sens plutôt que si

jamais l'esprit du mal aura été mêlé à ma vie,
ce sera seulement par cette union d'autrefois
qu'il vous plaît de tenir pour toujours bénie!

MADAME VILARD-DUVAL

Ne t'exprime pas de la sorte!

MARIANNE

Si!... C'est près de Max que j'ai connu des
égarements dont je rougis encore, tant l'objet
en fut indigne!

MADAME VILARD-DUVAL

Ma fille, tais-toi!

MARIANNE

Oui, l'immoralité, le péché, je les distingue
dans ma passion frénétique, mes jalousies im-
pures, mes honteux espoirs d'une reprise, dans
tous les souvenirs, en un mot, que Max me laissa,
les pires et les meilleurs, tous, tous!

MADAME VILARD-DUVAL

Ma pauvre fille! Ce Max, écoute-toi seulement

en parler!... Va, je t'entends bien : tu n'es pas
guérie de l'aimer!

MARIANNE

Que dites-vous là ? C'est une idée que rien ne
vous permet!... Je hais, je méprise cet homme
qui fut mon bourreau!

MADAME VILARD-DUVAL

Il a été bien coupable, et je ne songe pas à le
défendre. Mais je ne veux pas que tu t'exaspères
à faux, que tu attises encore des pensées trop
cuisantes : M. de Pogis déplore, j'en suis con-
vaincue, ce qu'il a commis... Ceux qui le rencontrent lui trouvent souvent la mine furtive,
mauvaise, de quelqu'un qui a fait autre chose que
ce qu'il aurait voulu...

MARIANNE

Allons donc!... Quand sa trahison eut éclaté
à mes yeux, a-t-il cherché à se défendre? à savoir
de quelle façon j'étais prête à décider de lui et
de moi?... Souvenez-vous : il a déserté, disparu!

MADAME VILARD-DUVAL

Précisément! Il n'a pas osé se représenter devant toi. Il s'est conduit comme un fou, comme un malheureux... Depuis lors, j'ai plus d'une fois songé que tout s'était tranché entre vous deux, peut-être par un malentendu!

MARIANNE

Un malentendu?... Je me refuse à y croire. Ce serait encore plus lamentable que j'eusse été broyée par erreur!... Mais sortons de ce sujet inutile et malsain. Max est devenu pour moi un éternel étranger. Il a dressé en face de moi la muraille de son mariage nouveau. Et tout m'invite aujourd'hui à lui rendre la pareille. Un amour est là qui m'appelle, amour loyal et profond, qui témoignera qu'il n'a pas suffi à M. de Pogis de m'abandonner pour faire de moi une créature finie. Voyons : je serais absurde, je serais féroce de rebuter ce brave Guillaume qui m'adore. Il vient de me confier la mission d'assurer, par votre assentiment, son bonheur. Et, quand je le sens pour moi précieux, indispensable, je devrais, d'après vous, lui rapporter, comme réponse, que nous n'avons plus qu'à cesser de nous voir!

MADAME VILARD-DUVAL

Tu n'es pas réduite à cette extrémité. L'amitié, les bons rapports, le dévouement, peuvent continuer, entre vous, très honorablement.

MARIANNE

C'est ce qui vous trompe : à l'heure actuelle, ma réputation est entamée. Oui! oui!... En observant combien M. Le Breuil était assidu auprès de moi, l'on n'a point admis qu'il pût être un prétendant. « Une femme divorcée, qui se préparerait à prendre un second mari! Fi donc! » On m'a fait l'honneur de ne me prêter que des sentiments comme il faut. On chuchote, paraît-il, que Guillaume est mon amant.

MADAME VILARD-DUVAL

Oh! Marianne! que m'apprends-tu d'abominable?

MARIANNE

Je vous conte, tout bonnement, ce que Paulette vient de me rapporter. D’après cela, estimez-vous que nous puissions continuer à recevoir M. Le Breuil dans les mêmes conditions?

MADAME VILARD-DUVAL

Non, ma fille, forcément, non!

MARIANNE

Par conséquent, ou bien il ne se montrera plus dans votre maison que pour y être votre gendre...

MADAME VILARD-DUVAL

Je te répète que je ne peux pas autoriser cela.

MARIANNE

Alors, il faut que mon meilleur ami, cet ami très cher, vous le mettiez à la porte?

MADAME VILARD-DUVAL

Nous aurons à prévenir doucement M. Le

Breuil. Le respect qu'il te doit lui fera comprendre l'urgence de s'effacer...

MARIANNE

Ainsi, telle est la solution que vous choisissez, ma mère, tranquillement, implacablement ! Vous trouvez satisfaisant que j'achève mon existence comme une petite fille, comme une vieille fille, sans foyer à moi, tandis que je vois chacun vivre à deux sa destinée ! Je vois que celui qui a détruit mon ménage s'en est refait un. Je vois que sa complice, auprès de lui, avec du passé, possède encore un présent et un avenir. Je vois que les autres femmes ont un mari, qu'il en est parmi elles qui ont un mari et un amant ! Je vois que tout le monde goûte sa part d'amour. Mais moi, je suis diffamée si j'en inspire. Je suis empêchée si je veux en manifester, en ressentir. Je me vois emprisonnée, moi, liée, bâillonnée !

MADAME VILARD-DUVAL

Quelle fièvre t'exalte ! Depuis le drame de ton ménage, je ne t'avais pas revue dans cet état !

MARIANNE

Il y a trop longtemps que je courbe la tête. Je prends mon parti de riposter, en une fois, à toutes les insolences dont je fus la cible. Jadis, ç'a été l'abandon; maintenant, c'est la calomnie! Demain les préjugés vont tirer sur moi : je m'en moquerai! Si j'ai passé pour la maîtresse de Guillaume, j'entends me réhabiliter à ma façon, comme la loi m'y invite, en devenant sa femme, régulièrement, légitimement.

MADAME VILARD-DUVAL

Marianne, ce n'est pas toi, mon enfant, qui me menaces d'un acte de révolte?

MARIANNE

Pour un acte aussi grave, mon père, qui pourtant vous respecte de toute son âme, mon père m'a promis que, fût-il seul à m'accompagner, je l'aurais à mon côté!

MADAME VILARD-DUVAL, se retirant.

Ah!... C'est bien!... c'est bien!... Achevez ensemble votre complot contre moi!

MARIANNE, la retenant.

Mère chérie, dans la minute où nous sommes, ne me jugez pas à votre mesure, mais selon ce que je suis! Je n'aperçois de mal qu'à vous désobéir; je n'en aperçois pas à me remarier... Vous qui m'avez toujours été bien maternelle, examinez si votre devoir le plus tutélaire, le plus pieux, n'est pas de m'épargner une transgression de votre volonté. Rendez-moi libre de mon destin, permettez-moi de l'accomplir innocemment!

MADAME VILARD-DUVAL

Que te répondre?... Tous mes sentiments s'entre-déchirent!.. Non, je ne peux pas renier ma croyance!...

MARIANNE

Maman!

MADAME VILARD-DUVAL

Mais jamais non plus je n'irai jusqu'à te maudire. Aurais-tu commis un crime, tu serais toujours ma fille!

(Elle s'éloigne vers la porte de gauche, au deuxième plan.)

MARIANNE

De grâce, un mot de plus!... Ne me quittez pas de cette façon! Ne partez pas ainsi! Dites-moi, je vous en prie, quelques paroles moins amères!

MADAME VILARD-DUVAL

Fais ce que tu voudras!...

MARIANNE

Oh!...

MADAME VILARD-DUVAL

Et que Dieu ne te punisse pas! (Elle sort.)

SCÈNE IX

MARIANNE seule, puis GUILLAUME,
puis VILARD-DUVAL.

MARIANNE, à Guillaume qui entre, par la gauche,
au premier plan.

Ah! vous voilà!

GUILLAUME, s'arrêtant.

Ne m'aviez-vous pas invité à revenir ici?..
Qu'est-ce que vous avez?

MARIANNE

Appelez mon père!

GUILLAUME, du seuil de la porte, à Vilard-Duval.

Votre fille vous demande.

MARIANNE, à elle-même.

Si je recule à présent, je ne retrouverai plus
l'énergie !

GUILLAUME, revenant vers Marianne.

Que se passe-t-il ?

(Vilard-Duval est entré.)

MARIANNE, à Guillaume.

Je serai votre femme.

GUILLAUME

Oh ! mon amie !

VILARD-DUVAL, à Marianne.

Tu as parlé à ta mère ?... Qu'a-t-elle dit ?

MARIANNE

Elle m'a repoussée vers vous. Recevez-moi sur
votre cœur.

VILARD-DUVAL

Chère enfant !... Mon devoir m'est bien pénible

6

entre ma femme et toi! Mais je juge que tu as raison. (A Guillaume.) Je vous tiens désormais pour mon fils.

GUILLAUME

Merci!... Ah! Marianne, ma vie est à vous!

RIDEAU.

ACTE II

Un salon de style moderne. A droite, deux fenêtres donnant, de l'entresol, sur la verdure des arbres d'une avenue. A gauche, à l'arrière-plan, une large baie, en communication avec un hall, sert d'accès.

SCÈNE PREMIÈRE

MARIANNE, HUBERT, PAULETTE, GUIL-LAUME. Au lever du rideau, Marianne se détache du groupe qui se tenait au delà de la baie. Hubert la suit.

MARIANNE, devant un plateau où le café est servi, à Hubert.

Dois-je vous servir?

HUBERT

Ma foi, oui, puisque mon épouse oublie qu'elle est maîtresse de maison.

PAULETTE, de loin.

Nous causons. Laissez-nous.

HUBERT

Nous vous devons nos excuses, à vous et à Guillaume, de vous avoir offert un si mauvais déjeuner. Mais, partant ce soir même pour la campagne, nous n'avons plus qu'un intérieur tout démonté.

MARIANNE

Votre réception a dépassé de beaucoup ce qui était convenu. Il n'avait d'abord été question que d'une dînette, à laquelle votre bambin invitait le mien avant la séparation de l'été... A propos, que sont-ils devenus ?

HUBERT, philosophiquement.

Ils doivent être en train de crever mon billard.

MARIANNE, à Guillaume, de loin.

Voulez-vous voir ce que fait Louis ?

GUILLAUME, *répondant du fond.*

J'y vais, chère amie.

PAULETTE, *suivant Guillaume.*

Nous vous rapporterons des nouvelles.

(Guillaume et Paulette disparaissent.)

SCÈNE II

MARIANNE, HUBERT.

MARIANNE

Vous êtes content de quitter Paris?

HUBERT

Je ne suis pas content, non, cette année, de la manière dont s'annonce ma villégiature.

MARIANNE

Que voulez-vous dire?

HUBERT

Au fait, pendant qu'on nous laisse seuls, j'ai

bien envie de recourir à vos bons offices auprès
de ma femme...

MARIANNE

De quoi s'agit-il?

HUBERT

D'un sujet délicat.

MARIANNE

Voyons un peu!

HUBERT

Eh bien! Paulette n'est plus à mon égard ce
qu'elle devrait être...

MARIANNE, inquiète.

Où allez-vous chercher ça?

HUBERT

Je parle à bon escient.

MARIANNE, prudente.

Ah!

HUBERT

Veuillez me comprendre à demi-mot... J'ai beau être officiellement le mari de Paulette, j'ai beau, selon tous les droits, selon toutes les apparences, être son mari : elle refuse de m'en donner à moi-même... l'impression.

MARIANNE, rassurée.

Bah!... Et par quoi se justifie-t-on?

HUBERT

Puisque je vous demande d'être mon avocat, je ne dois rien vous cacher, n'est-ce pas?... Il y a eu de ma faute. Vous connaissez la jovialité de mon caractère. Les camarades que j'ai au club sont comme moi des plus gais. Cela m'entraîne, parfois, dans une de ces petites parties où se rencontrent des demoiselles qui, forcément, ne sont pas tristes non plus...

MARIANNE

Mais c'est toute une inconduite que vous me révélez là!

HUBERT

Eh non! Je vous expose un concours de fata-
lités... Certain jour, ma femme a été informée
d'une frasque de ma part, presque involontaire,
sans préméditation ni lendemain. Là-dessus, je
n'ai pas été admis à pallier mon tort, à faire
amende honorable. Paulette a poussé au tragique
un épisode de vaudeville. Elle s'est jetée sur le
motif que je lui avais fourni. Et, aussitôt, elle m'a
signifié qu'elle établissait entre nous un éloigne-
ment du genre le plus regrettable!... Je suis
absolument navré... Si j'étais fat, je goûterais
peut-être une flatterie à ce que ma femme, dans
un ménage qui ne date pas d'hier, me prouve, de
la sorte, par ses nerfs, combien elle est demeurée
amoureuse de moi...

MARIANNE, avec bonhomie.

En effet, elle vous donne une preuve...

HUBERT, simplement, sincèrement.

Oui, mais je n'ai pas de fatuité!

MARIANNE

Mon pauvre ami, que puis-je faire à ce qui
est?

HUBERT

Paulette attache beaucoup de prix à votre
jugement. Assurez-la que je ne suis pas impar-
donnable. Vous savez bien qu'au fond de moi,
sous le parisien frivole et désœuvré, il y a un
homme qui se dévouerait, au premier signe, pour
sa femme, pour son enfant... Quand je sors d'ici,
j'y laisse, je vous jure, tout mon cœur!... C'est à
force d'être trop heureux chez soi que l'on veut
parfois, au dehors, poursuivre l'amusement, qui
est le superflu du bonheur...

MARIANNE

N'insistez plus. J'ai compris : pour de longs
mois, vous allez être à cinq heures, en express, de
tout superflu. Un sage parle aujourd'hui par
votre bouche, ne demandant plus aux dieux que
le nécessaire!

HUBERT

Ne vous moquez pas de moi. Promettez-moi,
plutôt, que vous allez bien chapitrer ma femme.

MARIANNE

De mon mieux.

HUBERT

N'ayez pas l'air d'intervenir par complaisance.
Indiquez un souhait, tout personnel, de bon
accord entre vos proches.

MARIANNE

Je dirai à Paulette que c'est à moi qu'elle fera
plaisir.

SCÈNE III

MARIANNE, HUBERT, GUILLAUME, PAULETTE.

PAULETTE, revenant avec Guillaume.

Pendant que vous étiez ici bien tranquilles, nous avons eu, nous, à faire cesser un pugilat entre les enfants.

HUBERT

Comment cela?

GUILLAUME, à Marianne.

Votre fils s'est jeté sur Toto et l'a criblé de coups!

MARIANNE

Oh!

PAULETTE

Toto avait commencé. Il était taquin. Il trichait...

HUBERT

Loulou aurait dû venir se plaindre.

PAULETTE

C'est l'observation que je lui ai faite. Il m'a répondu qu'en se ruant, à poings fermés, il avait obéi aux leçons de Guillaume.

MARIANNE

Quel petit menteur!

GUILLAUME

Non, chère Marianne, Loulou ne ment jamais : il est de votre sang... Lorsque nous devisons ensemble, mon ami votre fils et moi, je lui inculque des principes généraux dont il vient de faire une application, cette fois-ci, déplorable, je le reconnais. Et je m'en excuse auprès de nos cousins.

HUBERT

Bah! des égratignures, des bleus, des bosses, cela fait partie des phénomènes de la croissance! (A Paulette.) Occupez-vous du café de Guillaume. Moi, J'ai à téléphoner. (Il sort.)

SCÈNE IV

Les Mêmes, moins HUBERT. Paulette va au fond
préparer une tasse.

MARIANNE, au premier plan, avec Guillaume.

Ainsi, vous prêchez à mon fils les violences et
la bataille?

GUILLAUME

Je lui ai dit qu'un garçon avait mieux à faire
que de rapporter contre ses camarades. Je pro-
fesse que, si quelqu'un nous fait une injustice, le
dernier moyen d'en obtenir satisfaction, c'est de
s'en remettre à autrui... Oui, je désire pour votre
fils qu'il ne devienne pas un de ces pantins,
comme l'éducation en forme à la douzaine, qui

ne savent se mouvoir que par les ficelles de la convention, par les attaches de la société. Je l'exhorte à être plus tard un homme libre, ne se faisant pas scrupule de recourir à sa force, s'il lui arrive de souffrir dans son droit.

PAULETTE, de loin.

Mon cousin, votre café est servi.

GUILLAUME

Merci.

(Paulette va vers la gauche, et achève de bourrer, avec quelques livres, une valise ouverte sur un siège. Puis elle presse un bouton de sonnette.)

MARIANNE

Puisque vous prenez ainsi la responsabilité de ce qu'a fait l'enfant, je n'ai que vous seul à gronder... Parfaitement : gronder! C'est une morale d'athlète que vous enseignez à mon fils, qui n'est point le vôtre, et n'a donc pas hérité de vos épaules. Je vous en prie, ne lui insufflez pas un caractère dont il pourrait être le premier à pâtir.

GUILLAUME

Oh! Marianne, je vous ai mécontentée?

MARIANNE

Comment serait-ce votre faute, mon bon Guillaume, que vous ne partagiez pas, pour mon petit à moi, toutes les perceptions de ma folle sensibilité!... Chaque fois qu'il est en cause, mon âme a des antennes qui tâtent l'avenir et toutes les possibilités.

GUILLAUME

Enfin, votre petit, vous sentez bien pourtant à quel point je l'adore?

MARIANNE

Et il vous le rend bien!

SCÈNE V

LES MÊMES, HUBERT.

HUBERT, rentrant.

Allons! Guillaume, vous m'avez promis de jeter un coup d'œil sur les chevaux pour lesquels je suis en marché. Videz promptement votre tasse.

GUILLAUME, à Hubert.

Je suis à vous. (A Marianne.) Dites-moi que vous ne m'en voulez plus!

MARIANNE

Je ne vous en veux jamais.

PAULETTE, à la femme de chambre qu'elle a sonnée.

Préparez mon chapeau et mon manteau.

HUBERT, à Paulette.

Vous avez à sortir ?

PAULETTE

J'ai des courses pour toute la journée.

HUBERT

Toujours les magasins ? (Paulette ne répond pas. — Il s'adresse à Marianne.) Elle arrive, elle s'y précipite ! Elle part, elle ne peut s'en arracher !... Expliquez-moi quel diable une femme a au corps !

MARIANNE

Je ne m'en charge pas.

HUBERT, bas à Marianne.

N'oubliez pas, du moins, la mission que je vous ai confiée !

MARIANNE

Je m'en acquitterai. (Elle lui serre la main ; et, avec un sourire significatif :) Bon été !

GUILLAUME, à Paulette.

Alors, au revoir !

PAULETTE, tristement.

En novembre !

GUILLAUME, avec un ton de réconfort.

Ce sera bien vite venu. (A Marianne) Je voudrais ne jamais vous quitter !

MARIANNE

A bientôt, à la maison !

(Guillaume et Hubert sortent.)

SCÈNE VI

MARIANNE, PAULETTE.

MARIANNE

As-tu quelques instants?

PAULETTE

Je dispose encore d'un quart d'heure. Profi-
tons-en... Tu t'es sans doute demandé ce que
ton mari me voulait, pendant qu'il me gardait,
de l'autre côté. Il m'exposait son chagrin de ne
pas obtenir une situation de fils auprès de ta
mère.

MARIANNE

Oui! Elle l'appelle : monsieur... Hélas! pauvre

chère mère! tout l'effort qu'elle a pu s'imposer, ç'a été de ne point me montrer de changement dans ses sollicitudes pour moi. Mais elle ne supporte pas que je lui dise, de Guillaume, le bien qui me serait doux. Il règne, entre elle et moi, de la peine silencieuse.

PAULETTE

Ton mari m'a parlé de toi aussi. Et puis, de toi!... Avec une chaleur! Une ingénuité!... Après deux ans de ménage, est-ce qu'un pareil besoin d'expansion ne t'émerveille pas?

MARIANNE

Guillaume est de ces êtres dont l'amour ne cesse de grandir là où il a pris racine. Je ne réfléchis pas si c'est merveilleux; j'éprouve que c'est fort et bon, comme la nature.

PAULETTE

Ah! tu as enfin le mari que tu méritais! Le sort te devait bien cette compensation. Et, d'autre part, nous avons pu voir, l'année der-

nière, qu'il y a aussi une justice pour distribuer
le châtiment!

MARIANNE

On le dirait!

PAULETTE

Quel coup pour Max, d'avoir été frappé dans
cette femme qu'il avait mise au-dessus de toute
considération!... Après avoir, si follement jadis,
fait son deuil de toi, le voilà veuf de l'autre, aujourd'hui. A trente-huit ans, son tour est venu de
rester seul dans la vie!... Car votre fils, n'est-ce
pas, il ne lui est permis qu'à peine de l'avoir, de
te le prendre un peu?

MARIANNE

Je suis astreinte à faire mener mon petit Louis,
deux après-midi par semaine, chez Mme de Pogis
mère. Et je ne concéderai rien au delà.

PAULETTE

Il n'en est pas question?

MARIANNE

Si!... Je viens d'être en butte à des tentatives qui m'ont irritée. La grand'mère paternelle m'a écrit, il y a quinze jours, et de nouveau la semaine dernière. La façon dont j'ai répondu coupera court, j'imagine, à cette correspondance... Mais passons aux choses qui te concernent. Ton mari vient de m'intéresser à ses revendications contre toi...

PAULETTE

Ah!... Il a jugé bon!...

MARIANNE

Je sais que tu l'as mis en pénitence.

PAULETTE

S'est-il vanté du motif?

MARIANNE

Il assure n'avoir été que trop folâtre. Mais en te comportant comme tu le fais, tu risques de le détourner tout à fait de ton ménage.

PAULETTE

Qu'il fasse ce qu'il voudra, pourvu qu'il ne me demande plus rien !

MARIANNE

Peut-être prolonges-tu excessivement la rancune ?... Ne t'offusque point de ce que je vais te rappeler : un jour où la nécessité t'y contraignait, il y a plus de deux ans, tu m'as révélé que tu n'étais pas, toi-même, sans reproche. Nous n'avons jamais reparlé de cela ; et je voudrais croire que tu n'as eu là qu'une minute d'étourdissement dans ta vie. Je me permets une allusion pour tâcher que tu en retires une leçon d'indulgence, dont profiterait ton mari.

PAULETTE

Je n'ai pas oublié la circonstance, ni comment tu as fulminé, alors, contre la femme qui accepte de se partager.

MARIANNE

Oui, je me souviens. Mes sentiments là-dessus

sont inaltérables : à l'idée que des créatures de
mon sexe subissent cette ignominie, mon instinct se soulève, ma chair frémit de répulsion...
Pour ma part, je préférerais mille fois la fuite, le
drame, la mort!...

PAULETTE

Approuve-moi donc d'avoir saisi le premier
prétexte de ne plus être qu'à un seul.

MARIANNE

Mais je n'ai pas donné le conseil d'opter pour
l'amant!... C'est à ton mari que tu te dois!

PAULETTE

Tu viens d'invoquer la voix de ton instinct. Le
mien parle aussi. Et le baiser qu'il me dénonce
comme le plus impur, ce n'est pas celui que la
loi défend : c'est le baiser dont on n'a pas
envie...

MARIANNE

Moi, j'estime si haut les pudeurs de la femme
que je n'admets pas la possibilité, pour un homme,

d'en triompher autrement que par le mariage,
où il promet sa vie et donne son nom!

PAULETTE

Songe à ce que les réalités de l'amour ont de
trop prosaïque... Eh bien! une femme en perd
la notion avec ce complice près de qui elle pal-
pite de peur et de témérité, pendant que lui la
grise de protestations et de remerciements... Mais
un mari!... qui s'attribue de vous avoir conquise,
une fois pour toutes!

MARIANNE

Sans ce titre de mari, tout individu qui me
voudrait approcher me ferait l'effet d'un fou,
d'un satyre... Mais, par la magie de ce mot: mon
mari! je sens ne plus avoir, en face d'un être qui
s'appelle ainsi, ni restriction, ni personnalité. Je
me confonds en lui!

PAULETTE

Je suis, je t'assure, très bonne amie du mien.
Mais je ne me résigne pas à ce que les privautés
sur ma personne soient une de ses occupations

bourgeoises. Et encore de celles qui ne commandent pas d'être aimables!... Non, vois-tu, l'habitude conjugale et ses facilités convenues sont ce qui fait le plus ressembler notre espèce aux bêtes, par l'absence de paroles!

MARIANNE

Ce qui me semble nous ramener vers les animaux, c'est d'ignorer les devoirs, c'est de s'abandonner à des relations plus ou moins passagères, c'est de vouloir être séduite par des compliments et de se donner ainsi pour du sucre!... Il est clair que nous avons deux façons de sentir. Nous ne pourrons jamais nous entendre.

PAULETTE

Qui sait? Nous sommes femmes. Nous devons être plus pareilles que nous ne le pensons. (Entre un domestique.) Qu'y a-t-il?

LE DOMESTIQUE, présentant une lettre.

Un valet de pied attend.

PAULETTE

Il me semble connaître cette écriture... (Ayant décacheté le pli.) Allons bon! (Au domestique.) Dites que je vais répondre. (Le domestique sort.) Mme de Pogis mère me demande de la recevoir.

MARIANNE

Je la croyais restée en rapports suffisants avec toi pour se présenter sans avoir obtenu audience.

PAULETTE

C'est que, cette fois, elle me demande de recevoir, en même temps qu'elle, ton ancien mari.

MARIANNE

Lui!

PAULETTE

Ils sont, tous les deux, en bas.

MARIANNE

Ah!

PAULETTE

On veut recourir à moi, pour te persuader au sujet de ton fils.

MARIANNE

J'ai dit : non. C'est non !

PAULETTE

Mme de Pogis m'adjure d'intervenir, pour te
rendre service. Je lis bien : à toi-même.

MARIANNE

Trop de bonté !

PAULETTE

C'est une femme scrupuleuse. Pour qu'elle se
permette d'alléguer ton propre intérêt, il est certainement en jeu.

MARIANNE

De quelle manière ?... Tu me troubles !... Soit !
Sachons, tout de suite, ce qu'il y a là-dessous.

PAULETTE

Marianne, j'ai à sortir. Il m'est impossible,
pour le moment, de faire entrer ces visiteurs, que
je ne saurais ensuite interrompre ni brusquer.

MARIANNE

Alors, quand les verras-tu, puisque tu pars ce soir? Quel moyen aurais-je, après eux, de recauser avec toi?... Tu m'as suggéré une préoccupation dans mes sensibilités maternelles; et, à présent, tu veux que je la garde dans l'esprit, indéfiniment!

PAULETTE

Ne sens-tu pas, ma chérie, que je perds la tête? L'heure qu'il va être ne m'appartient plus : je l'ai promise, je l'ai donnée!... Puis-je ajouter les tourments de l'attente à la cruauté des adieux où je me rends?

MARIANNE

Ma pauvre Paulette, j'étais égoïste. Qui ne l'est pas? embrassons-nous!... Fais donc ce que tu as décidé, et laisse-moi faire... Écris à Mme de Pogis qu'elle ait à monter seule, et que c'est moi qu'elle rencontrera.

PAULETTE

Au fait, oui! Pourquoi pas?

(Elle écrit.)

MARIANNE

Je me charge d'en finir!

PAULETTE, au domestique qu'elle a sonné.

Remettez ce mot. (Le domestique sort.) Tu es pâle...
Ah çà! ce n'est pas de quoi être si bouleversée
que de revoir cette pauvre bonne dame!

MARIANNE

C'est aussi l'idée que Max, dont je suis loin
depuis cinq ans, est à cette minute si près!...
Sans tes motifs personnels, je n'avais qu'à m'esquiver, et il pénétrait ici!... Sa voix te parlait
comme je te parle!

PAULETTE, qui est allée regarder par la fenêtre.

As-tu envie de l'apercevoir?

MARIANNE

Non pas!

PAULETTE, toujours à la fenêtre.

Il est avec sa mère, en victoria... De cet entresol, on est presque à côté d'eux... Ah! leur valet de pied remet ma lettre... Ce joli Max, il ne change pas, il est toujours charmant... Voici que sa mère lui dit vivement quelque chose. Elle lui apprend, sans doute, que tu es ici.

MARIANNE

Que lui importe?

PAULETTE, se retirant de la fenêtre.

Aïe!... Il a jeté un coup d'œil à cet étage...

MARIANNE

Il t'a vue?

PAULETTE

Il n'aura eu le temps de voir que du blond.

MARIANNE

Pourvu qu'il ne se flatte pas que ce fût moi!

PAULETTE

Qu'est-ce que ça pourrait te faire?

MARIANNE

Un rien... En effet, rien!

PAULETTE

Mme de Pogis va bientôt paraître. Lui ayant griffonné une excuse, moi, je disparais...

MARIANNE

C'est cela : va-t'en. Pour le moment, nous ne pensons plus l'une à l'autre. Les tendresses, on se les écrira.

PAULETTE

Au revoir! (Elle sort.)

SCÈNE VII

MARIANNE, seule. Elle s'approche irrésistiblement de la fenétre
et elle jette, au dehors, un long coup d'œil, et, soudain, elle
recule à son tour.

Il vient encore de regarder!...

SCÈNE VIII

MARIANNE, MADAME DE POGIS.

MADAME DE POGIS

Vous! chère enfant!... C'est vous!

MARIANNE

Je me suis offerte à vous écouter moi-même.

MADAME DE POGIS

Marianne!

MARIANNE

Oh! madame, épargnons vos nerfs et les miens! Ne disons que le strict nécessaire.

MADAME DE POGIS

Pourquoi m'être dure, petite?... Moi, que vous ai-je fait, moi?

MARIANNE

Vous venez me tourmenter dans la possession de mon fils.

MADAME DE POGIS

Je viens vous détourner d'avoir, une fois de plus, avec Max, un lamentable procès.

MARIANNE

Entre M. de Pogis et moi, tout est jugé.

MADAME DE POGIS

Vous vous trompez : la garde de l'enfant, attribuée à l'un des époux contre l'autre, ne l'est jamais que provisoirement.

MARIANNE

Je n'ai pas démérité.

MADAME DE POGIS

Sans doute!... Mais aujourd’hui, c’est mon fils qui mérite mieux. Il ne mérite plus d’être frappé d’une déchéance presque complète dans ses droits paternels.

MARIANNE

Vous affirmez des choses sans que je sache y contredire. Je m’informerai si, réellement, j’ai à traiter, de puissance à puissance, avec le mari qui fut déclaré parjure, avec le père que l’on évinça comme indigne!...

MADAME DE POGIS

Vous employez des mots bien rudes! C’est dépasser la mesure qu’être ainsi implacable... J’ai beaucoup causé avec mon fils : au début de sa faute, il n’a eu que de la légèreté, je m’en porte garante... Mais, convaincu par vous de sa trahison, il n’a pas su discerner ce qu’il y avait de temporaire, peut-être, dans vos malédictions. Vous-même, connaissiez-vous alors le fond de votre cœur? Tous les deux, vous étiez si jeunes encore, à l'âge où les caractères et les idées sont trop absolus!... Si Max est allé, par la suite, jusqu'à l'extrémité des torts, je pourrais vous expliquer comment ce fut à son corps défendant, et par un enchaînement de fatales méprises...

MARIANNE

Dispensez-vous de cette peine. Ma mère aussi m'a prêché la théorie d'un malentendu; et je ne trouve pas urgent de l'examiner... Vous êtes venue me provoquer à un débat pour lequel je réclame le temps de m'armer. Actuellement, madame, restons-en là!

MADAME DE POGIS

Au nom du ciel, ne me congédiez pas ainsi. Votre bon sens va suffire pour que vous appréciiez à quel point la situation a changé. Asseyez-vous. Écoutez-moi!... Ce n'est plus chez mon fils désormais, c'est chez vous qu'est établie une personne étrangère à l'enfant : vous êtes remariée; Max est veuf, il est solitaire, il se représente sous un aspect nouveau, dans l'austère tenue qu'il doit au malheur. Il fait valoir que la place du jeune Louis de Pogis est indiquée dans la demeure héréditaire des Pogis, et chez son père Max de Pogis, pour le moins autant que chez M. Le Breuil!

MARIANNE

Ah! c'est cela qu'il dit!

MADAME DE POGIS

Je ne viens pas plus ici vous attaquer que le défendre. Une pitié pareille m'inspire pour vous deux, père et mère de mon petit-fils. Sur ce nom innocent, je ne veux pas que vous recommenciez un scandale devant les tribunaux.

MARIANNE

Doutez-vous que cela me fasse la même horreur? Mais qu'est-ce qui menace de ramener publiquement les souffrances et les colères? Est-ce moi? Sera-ce mon fait?

MADAME DE POGIS

Max y est entraîné malgré lui, je vous assure. Certes, les catastrophes de sa vie l'ont rendu vindicatif; mais quand il s'ouvrit à moi de ses revendications paternelles, c'était alors d'un ton discrètement douloureux. Même après vos réponses inexorables, je l'ai encore vu patient. Tout s'est gâté récemment, après que son petit Louis sortait de lui avoir été amené... Que s'était-il passé? De quoi Max avait-il pris ombrage?... Il me l'a dissimulé rudement, comme l'on fait d'une blessure dans son amour-propre... Ce fut à cet instant qu'il retourna chez son avocat, un homme de haute expérience, qui ne l'a jamais abusé. Un avis qu'il donne fait autorité.

MARIANNE

Et lequel, je vous prie, a-t-il donné, cette fois?

MADAME DE POGIS

Il estime que les circonstances d'à présent feront répartir au père la disposition de l'enfant pour moitié.

MARIANNE

Madame, vous jouez là de ma crédulité! Vous essayez je ne sais quelle intimidation!

9.

MADAME DE POGIS

Sur la tête de mon petit-fils, je vous jure que je vous dis les choses comme je les sais, comme je les crois!

MARIANNE

Je ne mettrai pas en doute votre sincérité. Mais vous êtes portée à exagérer vos chances. Il faut que vous soyez dans l'erreur! Il le faut!

MADAME DE POGIS

Max répète qu'il est un paria, qu'il n'a rien à perdre à ce procès et tout à gagner. Il va le faire, il le fera immédiatement, si vous ne le rendez inutile par de la sagesse et de la générosité.

MARIANNE

Voyons!... En admettant que je me résigne à un arrangement, de quoi vous contenteriez-vous?

MADAME DE POGIS

Avant de frapper à cette porte-ci, j'avais en vain prodigué à mon fils tous les conseils de modération, toutes les prières!... Vous avez affaire à une âme qui se ronge. Elle ne démordra pas de l'espoir qu'on lui a jeté : l'enfant à chacun de vous dans une mesure égale.

MARIANNE

Une semaine sur deux! Six mois par an!... Mon petit! que je n'ai pas perdu des yeux pour la durée d'un jour depuis qu'il est au monde! Vous me l'enlèveriez comme ça! Je ne serais plus sa mère qu'à demi!... Ah! non! non! C'est impossible!

MADAME DE POGIS

Tout est possible, quand on plaide!... Et, puisque vous n'entendez pas raison, hélas! on va plaider. D'ici peu, vous serez dans le tapage des audiences et des journaux, à vous arracher atrocement, l'un à l'autre, la tendre chair, née de vos amours passées!...

MARIANNE

Madame, dans cet amour que j'ai eu pour votre fils, vous fûtes le témoin de tout le mal

qu'il m'a fait. Ne rougissez-vous pas de l'assister
pour le mal qu'il rêve de me faire à nouveau?

MADAME DE POGIS

Marianne, je soutiens en ce moment les revendications de Max. Je vous ai dit, tout à l'heure,
par quelles raisons il justifie ma conscience d'être
à son côté.

MARIANNE

Non, madame, vous ne pouvez pas, en cela,
être justifiée! Souvenez-vous que son enfant, il
me l'avait laissé naguère comme tout bien de
mon âme et, pour ainsi dire, en indemnité de
l'abandon où je tombais!... Votre conscience,
dont vous parlez, devrait s'indigner que le même
homme revienne sur sa victime, pour essayer
encore de la voler!

MADAME DE POGIS

C'est mon fils, qui réclame son fils!

MARIANNE

Et moi, je suis celle qu'en d'autres temps vous

avez nommée votre fille, et contre qui vous n'avez jamais eu de reproche. Le petit-fils que je vous ai donné, j'étais dans vos bras pour le mettre au monde... Et cet enfant maintient toujours, de vous à moi, un lien d'assistance! Empêchez l'entreprise mauvaise! Venez à mon secours! Dressez-vous entre moi (Montrant la direction de la fenêtre sous laquelle est Max.) et lui!

MADAME DE POGIS

Entre vous deux?... Peut-être?... Oui! S'il est une voix qui puisse, à cette heure, réduire les exigences du père, c'est la vôtre!

MARIANNE

Comment?... Quelle est votre idée?... Vous avez conçu de nous remettre en présence?

MADAME DE POGIS

Vous ne croiserez pas vos regards, sans que, chez mon fils, il y ait du remords, et, chez vous, de la compassion. Cela ne peut engendrer que du bien pour l'avenir de votre enfant.

MARIANNE

Oh! Madame! A quoi me poussez-vous là?

MADAME DE POGIS

J'ai entrevu un moyen suprême de sauvegarder la paix... Êtes-vous prête à lui parler?

MARIANNE

Vous le voulez vraiment? C'est vous qui le voulez?

MADAME DE POGIS, approchée de la fenêtre.

Autorisez-moi d'un mot, d'un signe, et je l'appelle.

MARIANNE

Faites!

MADAME DE POGIS, agitant son mouchoir par la fenêtre

Max!

MARIANNE

Non!... C'est de la folie!. .

MADAME DE POGIS, appelant toujours au dehors.

Oui! Arrive!

MARIANNE

Non! Non!

MADAME DE POGIS, se retournant.

Il vient.

MARIANNE

Ah!

MADAME DE POGIS

Il a d'abord hésité. Vous sachant là, il aura compris que c'était à une rencontre avec vous qu'il marchait.

MARIANNE

La force va me manquer.

MADAME DE POGIS

Depuis bien des jours, il se monte la tête. Il va peut-être chercher aussi à se composer une

attitude. S'il montre de l'âpreté, ce sera de la
gêne. Ne vous rebutez pas. Soyez la meilleure!

LE DOMESTIQUE, annonçant.

M. de Pogis.

SCÈNE IX

MARIANNE, MADAME DE POGIS, MAX.

MADAME DE POGIS

Approche, mon ami. J'ai pris la responsabilité de cette entrevue, n'ayant pas réussi dans mon exposé de ta cause.

MAX, s'arrêtant.

Ah!

MADAME DE POGIS

Maintenant, toi, tire de ta détresse le langage qui aurait chance encore de la toucher.

MARIANNE

Non, madame, ne vous flattez pas que l'on m'attendrisse!

MAX, à Marianne.

J'ai cru devoir me rendre à l'appel qui m'était adressé. Mais si vous êtes résolue à ne voir en moi que le mari coupable, je n'ai pas une parole à prononcer. Je serais mal venu de me plaindre à vous du sort que vous m'avez fait infliger. Je serais importun aussi de tenter une explication de mes torts. Vous n'avez pas à les oublier; et moi-même je ne songe pas à me les pardonner.

MARIANNE

J'ai consenti à vous recevoir comme père de notre enfant. Vous n'avez rien à me dire qu'à ce titre, en dehors duquel je ne vous connais plus.

MAX

Bien! Vous permettez ainsi que je vous parle d'égal à égal. Car notre fils, je suis prêt pour lui à tous les sacrifices, comme vous, autant que vous.

MARIANNE

Depuis quand?... Si vous aviez l'âme d'un

père, vous n'auriez jamais quitté le lieu de sa présence, même au prix d'y supporter la mienne.

MAX

Vous étiez déjà, c'est vrai, une mère admirable, quand je n'avais encore que bien peu la fibre paternelle. Est-ce moi qu'il faut en accuser, ou bien la nature? Les mères commencent à se dévouer dès le premier frémissement de leurs entrailles; et leur aile reste longtemps suffisante pour abriter ce qui dort au berceau. Moi, je ne me suis senti père, je n'ai pris le sens de ma mission qu'en voyant mon fils approcher de l'adolescence. A présent que sa main est presque de taille à ne plus savoir tenir dans la vôtre, j'éprouve le besoin de lui assurer, par mon étreinte, qu'à mon tour je suis là pour le mener, pour le défendre contre les ignorances et les surprises de la vie.

MARIANNE

Je peux, sans votre assistance, achever son éducation. Vous m'en avez légué jusqu'aux charges viriles, du jour où vous avez décidé d'être mort pour moi.

MAX

Les morts qui ne reviennent pas sont les seuls
à laisser toute tranquillité aux veuves. Ils au-
raient, comme moi, leur mot à faire entendre
chez celles qui instruisent l'enfant commun dans
l'amour d'un nouveau père.

MADAME DE POGIS

Oh! Max! ne sois pas inconsidéré!

MARIANNE

Oui, le reproche est étrange dans votre
bouche!

MADAME DE POGIS, à Marianne.

Du calme, je vous en prie!

MARIANNE

Qu'ai-je fait en me remariant, dont vous ne
m'ayez donné la liberté, le droit, l'exemple et le
gage de vous en moquer bien?... Mieux vaut, je
vous assure, n'évoquer ici l'apparition d'aucune
tierce personne à mon côté, ni au vôtre...

MAX

Je ne puis éviter pourtant le fond même de la question. Vous allez me comprendre : quelle que fût ma misère d'être à peu près privé d'un fils qu'aujourd'hui j'adore, il était possible que j'acceptasse toujours en silence cette expiation. Mais il vous fallait, pour cela, me dominer de très haut par le caractère. J'aurais peut-être indéfiniment agenouillé mon remords devant votre image, à condition de me la représenter dans sa rancune farouche, dans son mépris inaccessible. Il ne fallait pas me faire vous apercevoir, telle que vous êtes à présent, associée à un autre homme !

MADAME DE POGIS

Mon fils, ne continue pas ainsi !

MARIANNE

Au nom de quel sentiment me parlez-vous ?

MADAME DE POGIS, suppliante.

Marianne !

MARIANNE

Quelle est donc votre tyrannie? Ai-je blessé votre orgueil et me poursuivez-vous de votre haine?

MAX

Non, je ne vous hais pas!

MARIANNE

Que venez-vous de m'attester pourtant? C'est la vengeance qui vous fait me disputer mon enfant?

MAX

Je ne le dispute pas à vous, mais à votre second mari que, lui, je hais!

MARIANNE, bouleversée de ce grondement de jalousie.

Ah!

MAX

Celui-là, je ne veux pas retrouver sa trace de tous les instants dans les propos, dans les pro-

jets, dans les petits raisonnements de mon fils.
Je ne veux plus que cette cervelle encore si mal-
léable soit librement pétrie par un étranger, un
amateur, qui s'adonne au pouvoir paternel comme
à un art d'agrément!

MADAME DE POGIS

Oh! Max!

MARIANNE

La malveillance vous égare. Votre grief ne se
fonde là sur rien d'exact.

MAX

Je n'ai jamais cherché à savoir quoi que ce
soit de ce qui se passe chez vous. J'ai détourné
les bavardages de l'enfant chaque fois qu'il allait
me faire entrevoir le tête-à-tête de votre table,
auquel il s'ajoute en troisième, ingénument,
gaiement, légalement. C'est malgré moi, l'autre
jour, que, par une brusque phrase, il m'a jeté
une angoisse dans l'esprit. Il m'a entraîné à des
questions. Et, de cet instant-là, mon parti d'intervenir a été pris.

MADAME DE POGIS, à Marianne.

Je vous ai dit qu'il y avait eu quelque incident ignoré de moi.

MARIANNE

Les choses qui m'entourent sont aujourd'hui ce qu'elles étaient hier. De quelle fausse interprétation avons-nous à souffrir? Qu'avez-vous supposé? Quoi?

MAX

Notre fils va sur ses treize ans. Quelqu'un lui a suggéré que, dès la quinzième année, l'École de marine s'ouvre aux jeunes gens. Et on lui a mis en tête de s'y préparer.

MARIANNE

Marin!... Avec sa frêle poitrine!...

MADAME DE POGIS

Le pauvre mignon!

MAX

Entendez bien que je n'ai pas, là-dessus, pris
une alarme ridicule. Je sais qu'on extirpe assez
facilement une vocation, à l'âge du petit Louis.
Mais si je laissais plus longtemps cultiver, dans
un certain sens, une créature aussi impression-
nable, comment tourneraient plus tard des racines mal arrachées de son imagination?...
Puisque je l'interrogeais, je l'ai fait m'avouer les
entretiens, les récits dont il s'intoxique : voyages
aventureux, la liberté au loin, la vie armée, et
des doctrines brutales comme la loi de Lynch!...
Tellement que je me suis demandé si le beau-
père ne travaillait point à expédier au diable
l'enfant qui n'est pas de lui.

MARIANNE

Oh! vous calomniez des intentions qui, pour
être fâcheuses, n'en sont pas moins de bonne
foi. L'enfant, sachez-le, n'est approché de personne qui lui veuille autre chose que du bien...
Mais, tout à l'heure, en effet, j'ai déjà eu un

avertissement de ce que vous me confirmez. Ici même, j'ai perçu combien, corps et âme, on en était différent!... Je vous dois de reconnaître que, sur un point, vous avez été plus vigilant que moi. Vous m'avez, par là, repris des droits sur notre fils. Mettons-nous d'accord pour les conditions que vous étiez venu me poser. (Elle lui indique un siège.)

MAX

Mes volontés deviennent moins précises, maintenant que vous me répondez avec plus de mansuétude... Mais puisque vous ne niez pas que j'aie motif d'exercer mon action paternelle d'une manière un peu prolongée, examinez cette offre : Vos parents avaient autrefois l'habitude de n'aller vous recevoir que vers le milieu du mois d'août dans leur domaine du Dauphiné. D'ici là, trois semaines s'écouleront encore, que notre garçon va passer dans les malsaines chaleurs de Paris. Si, pour ce délai, je l'emmenais à Nérange ? Ne serait-ce pas salubre à cet esprit, actuellement surexcité, de le remettre dans un doux paysage, dans son atmosphère normale ?

MARIANNE

Sans doute!... Il serait ravi d'être transporté
près de la Charmeraye, que son petit cousin aura
gagnée ce soir... Mais il me faudrait avoir prévu
cette séparation d'avec lui! J'aurais besoin de
m'accoutumer, longtemps d'avance, à pareil
temps de tristesse pour moi et d'anxiétés perpé-
tuelles...

MADAME DE POGIS

A côté de son père et de moi, que voudriez-
vous qu'il lui arrivât?

MARIANNE

Eh! que sais-je! N'ayant jamais quitté cet enfant, je ne pourrai pas le voir, une première fois,
partir sans tomber dans toutes les exagérations,
sans imaginer que je le perds...

MAX

Il vous sera rendu avec des sentiments pour
vous plus attachés encore. Je ne machine pas de

substituer près de lui mon influence à la vôtre...
Quand je prends son front dans mes mains, je
m'applique à déchiffrer le peu qu'il a de moi :
le menton, les pommettes, les quelques duretés
du visage. Et puis je lis tout ce qu'il a de vous,
pour sa coquetterie future : le reflet changeant
des prunelles, la finesse bouclée des cheveux, les
narines cambrées, l'arc de votre bouche...

MARIANNE

De grâce!...

MAX

C'était pour vous dire que je rêve de l'élever à
notre ressemblance, à vous et à moi, dans la pro-
portion où chacun de nous lui a marqué ses
traits.

MARIANNE

Puissions-nous ne point lui avoir transmis le
signe des bonheurs qui ne se gardent pas!

MAX

Écoutez. Pendant les courtes heures où, jusqu'à

ce jour, il m'a été confié, je me suis souvenu,
chaque fois, d'un désir que vous aviez exprimé à
l'époque où il balbutiait encore. Et c'est pour
donner suite à cette ancienne pensée de vous
que j'ai guidé son jeune esprit, tour à tour, vers
les musées, les concerts, les spectacles de poésie...
Vous ne vous rappellerez peut-être pas ce dont
je veux parler : nous faisions de la musique ensemble. Vous chantiez. Notre fils s'est dressé sur
des coussins. Les sons de l'harmonie faisaient
tant jaser son inconscience, un tel enchantement
éclaira son regard si vague encore, qu'alors,
comme un souhait de fée, vous décidâtes que
nous le rendrions artiste à nous deux...

MARIANNE

Oui, je revois...

MAX

C'était il y a longtemps, dans ce même château de Nérange, où je vous demande à présent
de pouvoir un peu le ramener...

MARIANNE

Eh bien! il sera fait selon votre vœu... L’enfant est ici... Je vais vous l’envoyer. Vous lui annoncerez vous-même son prochain voyage.

MADAME DE POGIS

Merci, Marianne!

(Cette dernière va pour sortir.)

MAX, l’arrêtant.

Encore un instant : dites-moi qu’en me cédant vous n’avez plus l’impression qu’à cette heure il vous soit fait en rien violence.

MARIANNE

J’ai un bien-être du consentement que je vous laisse. Je vous quitte, soulagée dans l’opinion que j’avais de vous. Vous êtes, à mes yeux, redevenu vraiment le père de notre fils.

MAX

Ah!... Depuis bien des années, nulle parole ne m'avait pénétré d'une sensation aussi douce.

MADAME DE POGIS

Oh! mes enfants! (Elle éclate en sanglots.)

MARIANNE, s'arrachant à l'émotion.

Adieu!

RIDEAU.

ACTE III

Une chambre de château.
A gauche, au fond, une grande alcôve où le lit est mis de pied.
A droite, à l'arrière-plan, une porte à deux battants donnant
*   sur l'antichambre; au premier plan, une porte basse s'ouvrant*
*   sur un couloir.*
Les lampes sont allumées.

SCÈNE PREMIÈRE

MADAME DE POGIS, puis LE DOCTEUR.

MADAME DE POGIS, devant un bureau.

Par ici, docteur, vous trouverez de quoi écrire.

LE DOCTEUR, entrant par la porte basse.

Je vais, pour la forme, rédiger encore quelques

prescriptions d'hygiène. Mais votre petit-fils est
en pleine convalescence.

MADAME DE POGIS

Vous ne prévoyez aucune rechute?

LE DOCTEUR

La preuve de ma tranquillité, c'est qu'aujour-
d'hui j'ai pris tout le temps d'une tournée au
loin ; et vous ne me voyez, ce soir, à Nérange,
que pour l'heure des lampes, après votre dîner.

MADAME DE POGIS

Ah! de quel cauchemar sommes-nous enfin
sortis!... Représentez-vous que l'enfant nous était
pour la première fois confié, à mon fils et à moi,
quand nous l'avons amené dans cette épidémie
de diphtérite!... Comment aurions-nous survécu
à notre responsabilité si le drame s'était accom-
pli!

LE DOCTEUR

Comme au château voisin!

MADAME DE POGIS

Hélas!

LE DOCTEUR

Mais, par exemple, il y a une personne ici que l'épuisement va jeter bas.

MADAME DE POGIS

Marianne!... Dieu sait la mine qu'elle avait déjà, en nous accourant de Paris, il y a quinze jours, sous le coup de ma dépêche!... N'ayant pas eu le temps de requérir son père ou sa mère sans se mettre en retard d'un train, elle avait voyagé seule, dans l'affolement. Et, pour son arrivée, nous lui offrions ce spectacle terrifiant : le petit Louis, blême et violacé, méconnaissable, et ne la reconnaissant plus!

LE DOCTEUR, hochant la tête.

Le cas a été grave!

MADAME DE POGIS

Depuis lors, Marianne s'est nourrie à peine.

C'est tout au plus si, quelquefois, elle s'est un peu assoupie dans un fauteuil. Elle n'a guère eu pour soutien que la fièvre, et de se jeter dans l'eau froide!... (A Marianne, qui entre par la petite porte de droite.) Il dort?

SCÈNE II

Les Mêmes, MARIANNE.

MARIANNE

Il va dormir. (Allant au médecin.) Docteur, vous
m'avez affirmé, hier matin, que mon fils, sans
qu'il soit encore bon de le déplacer, était cependant guéri?

LE DOCTEUR

Je vous le répète.

MARIANNE

J'ai attendu un jour et demi, pour vous laisser
bien le temps de confirmer votre assurance. Maintenant, pour la dernière fois, je vous demande

votre parole que l'enfant n'a plus besoin de moi?
Puis-je le quitter sans l'ombre d'une arrière-
pensée?

LE DOCTEUR

Je vous réponds de lui.

MARIANNE, à madame de Pogis.

En ce cas, madame, voudriez-vous bien faire
prévenir qu'il va y avoir des ordres pour atteler.
Il passe un train sur Paris dans deux heures.

MADAME DE POGIS

Vous n'allez pas vous mettre en route vers
minuit?

MARIANNE

Dès l'instant que j'ai la certitude d'être inutile
sous ce toit, il ne convient plus que j'y demeure.

Le docteur s'est mis à écrire.

MADAME DE POGIS

Pour vouloir ainsi précipiter votre départ, avez-vous un motif que vous ne me faites pas connaître?

MARIANNE

Non. Je n'en dissimule aucun... Lequel?

MADAME DE POGIS

Peut-être refusez-vous d'occuper la chambre où nous sommes, parce qu'elle a jadis été la vôtre?

MARIANNE

Pourquoi rappeler cela?

MADAME DE POGIS

Pour vous dire qu'en la faisant aménager comme la plus voisine de notre petit malade, je le pouvais sans profanation à votre égard. Personne, vous entendez, personne n'a jamais habité cette pièce, depuis la date où vous en êtes sortie. On l'avait fermée aux gens. Elle n'appartenait plus qu'au silence, à la solitude, aux objets laissés.

MARIANNE

Il suffit, madame!... Veuillez croire que je m'arrangerais aussi bien de rester ici qu'ailleurs, si je restais... Mais je n'ai plus de raison pour ne pas reprendre ma place où elle est : chez mon mari. (Elle a une défaillance.)

MADAME DE POGIS, lui donnant aide.

Ah! Seigneur! Elle s'évanouit!...

LE DOCTEUR, prêtant main-forte.

Elle se soutient encore... Faites-lui respirer ce flacon de sels... (Madame Vilard-Duval va quérir l'objet sur un guéridon.) Ça ne va être rien, pour cette fois.

MADAME DE POGIS, au docteur.

Comprenez-vous qu'elle voulait partir, ce soir même!

LE DOCTEUR, à Marianne qui s'est ranimée.

Madame, vous constatez vous-même qu'il serait insensé, immédiatement, de vous surmener davantage. Vous êtes à bout de forces. A la première détente de vos nerfs, vous risquez l'effondrement de votre personne physique et morale. J'ai le devoir de vous commander du repos!

MARIANNE

Je sens bien que, malgré moi, il me faut vous obéir. Je ne partirai que demain matin... Mais je n'ai fait aucun courrier aujourd'hui, ayant différé jusqu'à votre visite. Je tiendrais, du moins, à prévenir chez moi de l'heure à laquelle j'arriverai.

MADAME DE POGIS

Il est trop tard pour le télégraphe. Le bureau est fermé.

LE DOCTEUR

Je puis, en rentrant chez moi, poser un mot dans la boîte de la gare. (A Marianne.) Cela parviendra par le train que vous songiez à prendre.

MARIANNE

Dans un instant, j'aurai écrit.

(Elle se met au bureau, consulte l'indicateur, et fait sa lettre.)

LE DOCTEUR, à madame de Pogis.

Ce n'est plus la peine de veiller. Il n'y aurait qu'à regarder dormir l'enfant... Néanmoins, si, par hasard, il ouvrait les yeux et qu'il y eût quelqu'un là, on pourrait lui donner encore une cuillerée de potion.

MADAME DE POGIS

Nous sommes portés aux excès de précautions. Il est convenu, avec Max, de nous relayer tous les deux. Je vais aller faire un petit somme, pendant qu'il s'établira de garde, pour la première moitié de la nuit.

LE DOCTEUR

A merveille.

MADAME DE POGIS

Votre ordonnance est terminée?

LE DOCTEUR

Oui, madame, elle est là.

(Madame de Pogis va prendre connaissance du libellé.)

MARIANNE, *quittant le bureau.*

Voici ma lettre.

LE DOCTEUR, *à Marianne.*

Je m'en charge... Et à présent que votre garçon est complètement au calme, il vous est interdit, n'est-ce pas? de retourner près de lui. On
vous connaît: vous recommenceriez à ne pas le
quitter. Couchez-vous, je vous en prie, je vous
l'ordonne!...

MARIANNE

Bien, docteur... Je vous dois trop pour braver
votre défense, au moment de vous dire adieu et
merci. C'est vous qui avez sauvé mon fils!

LE DOCTEUR

Oh! c'est moi!... C'est surtout les bons parents
comme vous autres, qui m'avez assisté de votre
vigilance. Ou plutôt, c'est je ne sais quoi de
mystérieux qui décide au-dessus de nous tous!
Car, il y a deux semaines, la veille de votre arrivée, j'étais là-bas aussi le médecin, près de pa-

rents qui vous valent. Et le même mal régnant nous a enlevé le petit Saint-Éric...

MARIANNE, bouleversée.

Il est mort!

LE DOCTEUR, fâché contre lui-même.

Vous ne le saviez pas?

MADAME DE POGIS, arrachée à sa lecture.

On vous l'a caché, tant qu'une pareille horreur menaçait ici... Il fallait bien vous laisser tout votre courage.

MARIANNE

Mon Dieu! C'était cela! Voilà pourquoi je n'ai point vu Paulette... Vous me laissiez croire qu'elle se gardait de rapporter la contagion chez elle!... Qu'aura-t-elle pensé de mon silence dans son accablement?

MADAME DE POGIS

Elle est informée de l'ignorance où vous êtes.

Elle vient, chaque jour, chercher des nouvelles à votre insu, pour ne pas vous montrer qu'elle est en noir.

MARIANNE

Je veux lui parler, me jeter dans ses bras!

MADAME DE POGIS

Attendez-la donc. Elle n'a pas encore paru aujourd'hui. Sa visite ne peut tarder. Je vais probablement la rencontrer, en reconduisant le docteur.

MARIANNE

Envoyez-la-moi. (Madame de Pogis et le docteur sortent par le fond.) Oh! Paulette... Et Hubert?... Les malheureux! (Elle reste à gémir, le front tombé sur ses bras.)

SCÈNE III

MARIANNE, MAX.

MAX, entrant par la petite porte.

Qu'est-ce qui vous fait pleurer?

MARIANNE, relevant la tête.

Le deuil de nos cousins!

MAX

Ah! oui, les pauvres gens!... C'est horrible!...
Vous venez de l'apprendre?... Je l'ai su, dès la
première heure... L'affreuse vision m'a hanté sans
trêve, au chevet sur lequel nous étions penchés!

MARIANNE

Alors, vous avez enduré là une épreuve qui,
j'en ai la conviction, m'eût tuée.

MAX

De nous deux, c'est encore ma part qui continue d'être la pire. Maintenant que c'est fini de trembler pour notre fils, vous pouvez, vous, respirer librement. Moi, je sors d'un mirage où j'ai aperçu mon ancien foyer comme une chose rétablie. Et l'oppression me saisit, de ce qu'il va retomber en morceaux, par mon propre ouvrage, par ma démence de l'avoir un jour irréparablement brisé!

MARIANNE

Vous ne devez pas faire d'allusion à nos sujets personnels. Dès l'instant que je me mettais sous votre hospitalité, il a été tacitement convenu que je n'en connaîtrais que la discrétion.

MAX

Vous n'empêcherez pas que, depuis votre rentrée dans cette demeure, il y ait, de vous à moi, quelque chose de changé.

MARIANNE

Mais non! Cela ne doit pas être. Cela n'est pas!

MAX

Voyons : pendant quinze jours, en ce péril qui menaçait de nous frapper ensemble, nous avons vécu de la même âme. D'heure en heure, nous nous sommes chuchoté à l'oreille des encouragements ou des alarmes. Et parfois, pour s'emprunter l'un à l'autre un rayon d'espoir, on s'est consulté, sans réserve, jusqu'au fond des yeux...

MARIANNE

Oui, il y a eu des regards qui allaient loin... Dieu merci ! ce temps-là n'est plus !

MAX

Après ce qui s'est passé de la sorte, nous ne retrouverons pas les sentiments de défiance dans lesquels nous nous étions récemment abordés. Comment ferions-nous désormais, quelle comédie nous faudrait-il, en nous rencontrant, pour ne plus nous reconnaître ?

MARIANNE

Votre existence et la mienne vont reprendre

leur marche de chaque côté de l'abîme que vous
avez creusé. Nous étions restés, bien longtemps,
sans nous revoir. Souhaitons de ne plus nous revoir jamais!

MAX

Pourquoi dites-vous cela?

MARIANNE

Parce que la seule raison imaginable qui pourrait nous remettre encore en présence, ce serait
notre fils en nouveau danger de mort.

MAX

Ah! oui, c'est juste! Il ne faut plus qu'il nous
rapproche... Le cher enfant! il s'en est acquitté
autant qu'il avait de force, l'autre nuit, quand,
de ses mains amaigries, il jouait à faire se joindre
les deux nôtres.

MARIANNE

Dans ces minutes où je regardais l'enfant revenir à la vie, j'ai pu avoir une distraction.

MAX

Vous n'étiez pas distraite. Vos nerfs ont aussitôt protesté contre ce contact. Vous vous êtes dégagée avec une brusquerie qui a coupé court au premier sourire de notre petit malade.

MARIANNE

J'ai fait ce que je devais. J'ai défendu nos deux dignités. J'ai rétabli nos distances.

MAX

Oui, mais moi, en suivant le sillage de cette main qui se dérobait, j'eus la vision du jour où elle avait serré la mienne en gage d'alliance.

MARIANNE

Ne continuez pas ainsi, pour l'amour de Dieu! Laissez dormir ce qui n'est plus.

MAX

Ne vous fâchez pas. Compatissez à la peine que je vais vous conter : Depuis que votre main

m'a fui, je revois constamment avec quelle
bonne grâce vous la donniez, ces temps-ci, autour
de moi, à l'un et à l'autre, à ma mère, au médecin... Mais pas à moi, parbleu! jamais à moi!...
Alors, l'envie me tient aujourd'hui, le désir
m'obsède de ravoir un instant l'étreinte de cette
main. Je n'aurai pas de cesse que je n'aie ainsi,
en quelque sorte, matériellement touché mon
pardon!...

MARIANNE

Vous avez donc bien oublié quelle femme je
suis pour demander que je me prête à un simu-
lacre...

MAX

Vous ne me pardonnez pas?... Vous ne me
pardonnerez jamais?

MARIANNE, désespérément lasse.

Oh! c'est féroce de me persécuter de cette
manière lorsque, après tant de fatigues, je n'en
peux plus!... J'attends Paulette d'une minute à

l'autre. Laissez-moi le temps de m'être un peu remise. Sortez!

MAX

En effet, vous avez à recevoir notre cousine... J'ai eu tort, c'est vrai, d'être pressant, ce soir. Nous trouverons un moment plus opportun d'ici à votre départ.

MARIANNE

Mon départ?

MAX

Oui. Quand vous en serez là, je réclamerai un entretien.

MARIANNE

A quel propos?

MAX

Ne devinez-vous pas quel besoin j'ai de vous exprimer mon immense repentir?

MARIANNE

Je vous tiens quitte pour l'intention.

MAX

Non pas!... Vous me permettrez, un de ces jours, de vous dire tout : les piètres excuses que j'ai pu avoir, la misère de ma vie depuis qu'elle est séparée de la vôtre...

MARIANNE

Je n'écouterai pas.

MAX

Si! Vous m'écouterez avant de partir! Je serai partout sur votre chemin! Je vous arrêterai, malgré vous!

MARIANNE

Me voilà prévenue... C'est bien.

MAX

A demain?

MARIANNE

Bonsoir! (Max sort par la porte du fond. Paulette entre par la porte du premier plan.) Ah! mon amie! ma chérie!

SCÈNE IV

MARIANNE, PAULETTE.

PAULETTE

J'ai passé par chez ton fils. Pendant une seconde, je me suis crue moins vieille de quinze jours, en sentant sous mes lèvres de la chaleur à un petit front.

MARIANNE

Paulette!

PAULETTE

Te rappelles-tu ces questions et ces réponses que Toto était si glorieux de faire quand il était tout jeune : « Qu'est-ce qui tombe toujours et ne se casse jamais? — La pluie!... — Qu'est-ce qui a toujours froid? — La terre!... » Ah! le petit! Comme il doit avoir froid!

MARIANNE

Je voudrais savoir t'exprimer ..

PAULETTE, avec énergie.

N'essaie pas! Dans ces premières heures où tu goûtes, toi, la délivrance, je ne viens pas empoisonner ton bonheur. Je ne veux pas te coûter des larmes... Mais ne dis rien non plus qui me rende impossible d'étouffer les miennes. Aide-moi à ne pas regarder en arrière.

MARIANNE

Que peut-on faire pour toi? Qu'est-ce que tu vas devenir?

PAULETTE

Sous ce coup effroyable, mon mari et moi, nous sommes deux pareillement frappés. Il n'y a plus que nous deux qui puissions nous comprendre, nous supporter... Marianne, réponds si

je suis _folle_, oui ou non, dans cette unique
pensée qui me soutienne. Il me semble être assez
purifiée par la douleur, pour oser vouloir, de
mon mari, qu'il ressuscite en moi l'enfant qu'il
m'avait donné. Ne sera-ce pas mon petit lui-
même qui revivra dans ce sein où je l'ai porté, si
le père dont il est né y fait renaître une créature ?

MARIANNE

Oui, Paulette ! oui ! c'est ainsi que tu retrou-
veras la consolation de ta vie. Tu aperçois bien
ce qui redeviendra tout l'avenir de ton âme.

PAULETTE

Pendant qu'avec Hubert je disputais notre
enfant à la mort, il m'est apparu, dans cette chair
bien-aimée, comment les époux peuvent, en vérité, n'être qu'un dans une seule chair... Mari et
femme, ce n'est pas être mariés ; cela n'empêche
point les divergences, les antipathies, les ré-
voltes, ni, hélas ! les trahisons !... Mais, père et
mère, on est prodigieusement identiques et unis,
et sans attache appréciable avec le reste du
monde. On n'est que ces deux-là, sur terre, à
pouvoir ne faire qu'un.

MARIANNE, *du plus profond de son être.*

Tu as senti cela!

PAULETTE, *dressant la tête.*

Au ton que tu as, je devine que tu l'as senti de même.

MARIANNE

Je ne cesse de me défendre contre une telle impression qui, à moi, ne m'est pas permise. Dois-je te le confier? J'ai là vingt lettres de Guillaume qui, toutes, respirent le plus parfait dévouement pour mon fils. Mais cela sonnait, dans cette atmosphère d'angoisse, comme une voix d'étranger. De bonnes exhortations, des bons souhaits, un bon espoir qui, forcément, ne s'intéressait au destin que par-dessus mon épaule... Tandis que l'autre, ici, à se consumer dans l'épreuve, montrait à mes yeux, non pas mon reflet, mais sa propre flamme. Il me complétait, il me valait! Nous étions vraiment les deux moitiés... Oui, j'ai senti, j'ai dû enfin m'avouer que l'homme qui m'a rendue mère, je ne l'avais pas arraché de mes entrailles!...

PAULETTE

Il n'y a donc partout que désolation! Tu as gardé ton enfant, mais tu as perdu son père.

MARIANNE

En comparaison de ton sort, que pèse le mien? Toi qui m'as interdit de te plaindre, ne me plains pas!

PAULETTE

Je suis prévenue, d'ailleurs, que, dans l'état où tu es, ce serait abuser de toi que de prolonger cet entretien. Il paraît que tu as failli avoir une syncope!...

MARIANNE

Oui, ma lassitude, par moments, vient à bout de ma volonté!... Mais ne t'occupe pas de cela; restons encore une minute ensemble.

PAULETTE

A condition que tu te mettes au lit.

MARIANNE

Non, laisse!... Figure-toi que nous n'allons pas nous revoir : je pars demain.

PAULETTE

Déjà?

MARIANNE

Il est temps.

PAULETTE

Max n'a point tenté de te retenir?

MARIANNE

Je ne l'ai pas averti. Et je m'arrangerai pour ne pas me retrouver en sa présence.

PAULETTE

Comment pourras-tu?

MARIANNE

Il prend maintenant son tour de veillée. Il se

sera retiré, je ne rencontrerai plus par là que la
grand'mère, en allant embrasser mon fils pour
un adieu de quelques jours.

PAULETTE

Mais où iras-tu jusqu'à l'heure de l'express?

MARIANNE

Une récente conversation avec Max me décide
à ne pas attendre si tard, contrairement à ce que
je venais d'écrire chez moi. Je me servirai d'un
train avant, qui n'arrive guère plus tôt à Paris,
mais qui, du moins, m'aura enlevée de cette
maison dès le petit matin.

PAULETTE

Et tu n'es pas encore déshabillée!... (Elle ôte à
Marianne un vêtement de dessus, et lui met ainsi les épaules à nu.)
Allons! couche-toi! (Elle a le mouvement de conduire sa
cousine vers l'alcôve.)

MARIANNE, avec effroi.

Oh! non! pas là!... J'ai fait l'esprit fort vis-à-vis

de Mme de Pogis, il y a un instant. Mais cette chambre, rappelle-toi que, la première fois que j'en ai franchi le seuil, j'étais jeune fille. Ici m'attendait le lit nuptial!... Pendant des années d'aveugle bonheur, c'est ici que j'ai vécu mes nuits!... C'est ici que j'ai passé un affreux dernier soir, dans l'abandon... après le jour où j'avais vu Max et sa maîtresse, lèvre à lèvre!... Comment de nouveau, ici, pourrais-je refermer les paupières sans que viennent y cogner les souvenirs inadmissibles?

PAULETTE

Va. Étends-toi seulement. Au degré de faiblesse où tu es, le sommeil te prendra. Et puis, il y a toujours en nous le moment où la bête l'emporte. J'ai bien commencé, moi, de rapprendre à dormir.

MARIANNE, la retenant, une dernière fois.

Ah! ma chère Paulette, quand du temps aura passé, quand tu le voudras bien, tu verras comme je saurai des paroles et des choses, pour

ramener entre nous l'image du bon petit être
envolé!...

PAULETTE, se dégageant.

Chut!... Ne m'accompagne pas. Repose-toi!

(Elle sort par le fond.)

SCÈNE V

MARIANNE, seule, puis MAX.

MARIANNE

Me reposer!... Puisqu'ils le veulent tous, essayons!... (Elle a donné un tour de clef à la porte par où Paulette vient de sortir. Elle va pousser le verrou de la petite porte à droite. Devant une « coiffeuse », elle retire l'épingle qui tenait ses cheveux en torsade. Elle s'achemine ensuite vers une chaise-longue, à gauche. Au moment de s'y étendre, elle revient baisser en veilleuse la lampe qui est proche, sur une table. Un bruit lui fait tourner la tête.) **On vient par là!** (Elle indique la petite porte à droite. Il y est discrètement cogné. Elle y va, et parle au travers.) **Qu'y a-t-il?... C'est vous encore!... Non, je ne peux pas ouvrir... A quel propos dites-vous qu'il le faut?... Que se passe-t-il?... L'état de**

l’enfant ne s’est pas modifié, dites-moi?... Hein?... Je vous entends mal... Parlez plus haut... Vous avez la voix étranglée... Pourquoi?... Je vous ai demandé s’il était survenu quelque chose au petit... Oh! comment ne me répondez-vous pas?... N’êtes-vous donc plus là?... Rien!... Il est parti... Il m’a fait peur et il s’en va! (Elle ouvre la porte, et la vue de Max la fait reculer brusquement. Il entre. Elle recule encore, cachant d’un bras sa gorge nue ; et, de l’autre, elle retient le désordre de ses cheveux.) N’approchez pas! ou j’appelle!

MAX, laissant la porte entr’ouverte sur le couloir.

Si vous faites du bruit, vous réveillerez votre fils.

MARIANNE, à demi-voix.

Vous avez surpris ma bonne foi!

MAX, à voix basse aussi.

Vous-même, tout à l’heure, vous vous êtes jouée de moi. Ma mère, en me disant bonsoir, vient de m’informer que vous ne seriez plus chez moi demain... Quand vous m’avez caché cela, c’était vous qui me berniez.

MARIANNE

Voilà longtemps que je ne vous dois plus
compte de mes actes!

MAX

Je conviens que vous êtes, envers moi, dégagée de tout, sauf des usages de simple humanité.
Si j'ai mérité une expiation perpétuelle, je réclame, du moins, ce qu'on ne refuse pas aux plus
misérables condamnés : j'exige mon droit d'être
entendu en confession.

MARIANNE

Pas ici! pas ce soir!... Je vous en prie, retirez-
vous!

MAX

Je ne serai pas dupe. Vous aviez résolu de vous
dérober. Pour la dernière occasion, sans doute,
que j'ai de vous tenir en face, je ne m'en irai
pas, je ne vous laisserai pas fuir.

MARIANNE

Nous allons bien voir!

MAX

Il ne vous reste qu'à faire un esclandre, oui, si c'est cela que vous préférez.

MARIANNE

Oh! vous spéculez sur ma crainte d'affoler en sursaut notre enfant.

MAX

Il n'y a eu, de ma part, aucun calcul. C'est vous qui m'avez retiré le choix du moment.

MARIANNE

Allez-vous-en! vous dis-je. Allez-vous-en!

MAX

Je m'en irai quand vous m'aurez entendu. Je ne m'en irai pas avant!

MARIANNE

Pourquoi vouloir inutilement nous refaire tant de mal?

MAX

Nous aurons tous les deux, au contraire, un soulagement d'avoir vu clair, une fois, dans ce qui nous est arrivé.

MARIANNE

Vous croyez, malheureux!... Vous allez raviver la blessure... Vous y tenez?

MAX

Oui!

MARIANNE

Soit! Elle a encore de quoi saigner! (Elle va fermer la porte du couloir.)

MAX, reprenant l'entretien à voix haute.

Voici ce que j'ai à vous dire : je vous ai trahie autrefois, sans être détaché de vous. Je respirais mal, je souffrais de vous être infidèle. Je n'aurais pas eu longtemps le triste courage de vous tromper. Si vous n'aviez pas découvert ma faute presque aussitôt qu'elle exista, déjà, de moi-même je me sentais bien près d'y échapper...

Mais, devant la catastrophe, je perdis la tête. Au lieu de me regarder comme la seule cause du mal qui nous accablait tous les deux, je me pris à vous en vouloir, à vous, pour m'avoir démasqué. Je vous détestai de m'avoir fait éprouver que j'avais commis un vrai crime !

MARIANNE, dans une lamentation indignée.

Vous me rendiez responsable, moi !... Vous m'accusiez de quelque chose, moi !...

MAX

Je me confesse : je vous dévoile à quel point le mauvais orgueil, les regrets, la souffrance, me rendaient absurde et mauvais !... J'étais ainsi dans la voie de toutes les iniquités, quand j'eus à prendre parti vis-à-vis de la vengeance que vous exerciez... Vous aviez publiquement chassé celle qui vous avait offensée ; ce qui la faisait exécuter, sans retard, dans le cercle de nos relations et des siennes. Je ne conteste pas que votre attitude ait été en cela légitime. Je réponds seulement que j'en fus rejeté vers la femme que j'avais conscience d'avoir déshonorée. Je me fis proba-

blement l'idée la plus fausse, j'obéis à la concep-
tion la plus déplacée d'un devoir. Mais ma faute,
que vous aviez proclamée, me liait à une complice, par le respect humain, par une des formes
de l'honnêteté... Dieu me garde aujourd'hui de
charger la mémoire d'une morte qui a porté mon
nom! Cependant la vérité veut que je déclare
avoir été mené à cet autre mariage comme à
une réhabilitation que je devais. Et c'est ainsi
que, pour un caprice terminé, j'ai pris la chaîne,
portant toujours, de plus en plus lourdement, le
regret de vous avoir perdue ..

MARIANNE, avec des larmes dans la voix.

Quand votre trahison se révéla, vous auriez dû
tout mettre en œuvre pour m'apaiser, pour me
reprendre.

MAX

Rappelez-vous dans quels termes écrasants
vous m'avez alors répudié!... Et vous ne pouvez
pas savoir le visage que vous dressiez devant
moi... J'ai cru sincèrement que la fin de toutes
choses venait, comme la foudre, de s'abattre
entre nous.

MARIANNE, de plus en plus gémissante.

Il ne fallait rien croire... Il ne fallait pas m'écouter, dans cette plainte horrible de ma chair jalouse, dans ce déchirement de ma confiance infinie!

MAX

Quoi, Marianne?... Si je n'avais pas ajouté foi à vos protestations, si j'avais été moins crédule ou plus hardi, si je m'étais jeté tout de suite à vos pieds, c'est donc vrai que j'y aurais trouvé mon pardon?

MARIANNE

Qui est-ce qui peut jamais répondre de soi-même? Qui sait comment tournent les choses à certains moments?... J'étais ivre de douleur, folle de désespoir... Je m'étais abattue sur ce canapé, comme si j'avais été frappée d'une balle...

MAX

Mon Dieu! Quel mal j'ai fait!

MARIANNE, avec un regard fixe qui revoit le passé.

Les heures de la nuit s'écoulaient sans que je bouge!... Je me disais : Il va venir heurter à cette porte!...

MAX

Si j'étais venu, Marianne, vous me l'auriez donc ouverte comme ce soir?

MARIANNE

Je me disais : Aurais-je l'abjection de ne pas savoir me défendre contre ses protestations, ses prières, ses caresses!...

MAX

Marianne!

MARIANNE

Cent fois j'ai dressé l'oreille, me disant : C'est sa voix.

MAX

Marianne! Marianne! pardon!

MARIANNE, *comme si elle écoutait le passé.*

Oui, me disais-je, c'est lui enfin!... Que va-t-il accomplir de miraculeux?

MAX

Marianne!

MARIANNE

N'a-t-il pas, pour tâche, pour devoir le plus sacré, de faire que mon cœur ne soit plus glacé dans ma poitrine, que ma pauvre tête ne soit plus en feu?

MAX

Marianne! Pardonnez-moi!

MARIANNE

Quelle justification impossible va-t-il inventer pour que je ne reste pas ainsi, jusqu'à la mort, à pleurer! *(Elle s'abîme dans les sanglots.)*

MAX

Marianne, j'ai été léger, criminel; mais je n'ai

jamais eu d'amour que pour toi. Tous mes souvenirs d'amour, c'est toi... Tous mes désirs
d'amour, c'est encore toi! c'est toujours toi!

MARIANNE

Tu mens!... (Revenant à la réalité.) Oh!... Allez-
vous-en!

MAX

Non, ne te reprends pas! Notre ancien tutoie-
ment a bien refleuri sur ta bouche!

MARIANNE, le fuyant.

Vous m'avez affolée! J'ai la fièvre! Je ne sais
plus ce que je dis! Je ne suis plus moi-même!

MAX

C'est bien toi que je retrouve, au contraire,
comme le soir de notre mariage, avec tes cheveux
ainsi tombés, les épaules nues et ton corps qui
frissonne en pressentant ce que je te veux?

MARIANNE

Laissez-moi! par pitié!

MAX

Non, Marianne! Ta plainte est finie. Le seul
mauvais souvenir, la seule tristesse que tu aies
respirés dans cette chambre, tu viens de les
exhaler. Rappelle-toi maintenant tous les autres
souvenirs, tout ce qui a régné, en ce lieu,
d'exquis et de passionné, de si violent et de si
doux!

MARIANNE

Taisez-vous!... Je vous en supplie : taisez-vous

MAX

Je pourrais me taire, et pourtant tu ne cesse-
rais plus d'entendre autour de toi un réveil de
choses, où ce sont nos baisers qui se remettent à
chanter!...

MARIANNE

Je ne veux rien entendre!

MAX

Écoute! Si! Écoute comme l'air vibre encore

de nos murmures d'amour!... Songe que notre
enfant chéri, tu en as conçu l'espoir dans l'asile
où nous sommes. La flamme de son existence
future s'est, ici-même, allumée dans ton être...

MARIANNE

Comment avez-vous pu me quitter?... Oh!
pourquoi? pourquoi n'êtes-vous plus mon mari!

MAX

Malgré ce qui s'est passé depuis lors, malgré
tout, nous restions inséparables, et pour toujours
unis dans l'œuvre née de notre chair... Durant
ces jours d'hier où nous empêchions notre enfant
de mourir, n'as-tu pas éprouvé que c'était notre
amour lui-même que nous rappelions à la vie?

MARIANNE

J'avais beau lutter, oui, c'est vrai! j'éprouvais
cela!

MAX

Ah! je savais bien!... Dans l'ivresse de sentir
notre fils vivant, il y aussi une odeur enivrante

d’amour ressuscité. Ne te défends plus! Recon-
nais-moi : c’est le père de ton petit, le père qui a
désespéré de lui avec toi et qui t’a bien assisté
de toute son âme!... Ce soir, que nous n’avons
plus de crainte, ce soir, que nous avons mérité
d’être heureux, le père s’approche du lit de la
mère... Aime-moi! Je t’adore!... Aimons-nous!
Aimons-nous!

MARIANNE, dans le râle d’une volonté mourante.

Ah! je suis à toi!

RIDEAU.

ACTE IV

Même décor qu'au premier acte.

SCÈNE PREMIÈRE

VILARD-DUVAL, puis MADAME VILARD-DUVAL. Au lever du rideau, il est occupé à un rangement parmi les livres de sa bibliothèque.

VILARD-DUVAL, à sa femme qui entre.

Je vous ai fait chercher, il y a un moment, ma bonne amie. Où étiez-vous donc ?

MADAME VILARD-DUVAL

L'inquiétude m'a reprise en n'ayant pas un

courrier de notre fille aujourd'hui. J'étais allée faire une prière pour notre cher petit...

VILARD-DUVAL

Ne vous tourmentez plus de rien : Guillaume sort d'ici. Il m'a laissé, pour votre édification, la lettre qu'il a reçue, tout à l'heure, de sa femme. Les nouvelles sont datées d'hier soir... (Lisant.) « Mon cher Guillaume, le docteur est là pour la dernière fois. Les mauvais jours sont finis... »

MADAME VILARD-DUVAL

Dieu soit loué !

VILARD-DUVAL, poursuivant sa lecture.

« ... Je pourrai partir de Nérange, en toute tranquillité, demain matin... » (Parlé.) C'était ce matin. (Lisant.) « ... J'arriverai à Paris, par l'express, vers deux heures... » (Parlé.) C'est dans un instant... (Lisant.) « ... Mon âme a un profond besoin de vous revoir. Votre Marianne. »... Guillaume courait au-devant d'elle. Ce brave garçon ! J'aurais voulu qu'il vous montrât ses larmes de joie. Il vous eût attendrie !...

MADAME VILARD-DUVAL

L'amour qu'il a pour Marianne est touchant, je le reconnais. Et cependant, cet homme, je n'ai pu reporter mes yeux sur lui, aussi longtemps que notre petit-fils a été en péril. Il me semblait toujours que c'était son alliance impie avec notre fille qui faisait planer sur elle une terrible chose!

VILARD-DUVAL

Je sais la persistance de votre grief. Je n'ai même qu'à vous remercier d'avoir tant pris sur vous pour sauvegarder la paix de notre famille. Et pourtant, me voici à rêver, de votre part, un effort en plus...

MADAME VILARD-DUVAL

Que vous êtes-vous mis en tête?

VILARD-DUVAL

Les convenances vous ont fait admettre que le mari de notre fille fréquentât chez nous. Mais

vous vous êtes refusée constamment à vous
rendre chez lui... Or, c'est là que Marianne va
bientôt débarquer, après deux sombres semaines.
Par la vaillance de ses soins, elle a sauvegardé
nos joies. Elle nous rapporte du bonheur. Ne
viendrez-vous pas, avec moi, saluer son retour
heureux?... (Madame Vilard-Duval fait un geste de dénégation.)
Oh! si!... En rentrant dans sa demeure, ce serait
vous, d'abord, qu'elle y apercevrait!

MADAME VILARD-DUVAL

J'ai tenu à connaître le moins possible cette
vie conjugale de Marianne. Je ne franchirai jamais le seuil d'un intérieur où se respire l'offense
aux idées que je vénère.

VILARD-DUVAL

Ne vous prononcez pas tout de suite définitivement. Vous allez réfléchir. Je vais passer un
vêtement, et je reviens vous chercher...

MADAME VILARD-DUVAL

Je ne vous suivrai pas.

VILARD-DUVAL

Consultez encore vos sentiments maternels.
Vous avez cinq minutes pour modifier votre
décision. (Il sort, par la porte de gauche, au second plan.)

SCÈNE II

MADAME VILARD-DUVAL, puis MARIANNE.

MADAME VILARD-DUVAL

Non! je n'irai pas! (Elle s'installe devant une corbeille d'ouvrage. Elle tourne le dos à l'entrée de Marianne, par le fond. Celle-ci, en silence, le visage défait, ôte son chapeau, son manteau de voyage, et trahit alors sa présence.) Toi! chère enfant!... Quel air tu as! Comment as-tu déjà trouvé le temps d'être ici?

MARIANNE

Je ne suis pas retournée chez moi.

MADAME VILARD-DUVAL

M. Le Breuil devait être au-devant de toi sur le quai. Comment es-tu seule?

MARIANNE

Je viens d'arriver par un train où l'on ne m'attendait pas.

MADAME VILARD-DUVAL, dans un cri d'effroi.

Ton fils?...

MARIANNE

Il allait bien.

MADAME VILARD-DUVAL

Alors, c'est toi qui es malade?

MARIANNE

Je voudrais être morte.

MADAME VILARD-DUVAL

Tu me bouleverses!... Explique-toi!

MARIANNE

Votre clairvoyance avait bien prédit que Max était capable de m'aimer encore!

MADAME VILARD-DUVAL

Et tu souffres de l'aimer aussi?

MARIANNE

Ma misère est pire que vous ne le soupçon-
neriez!

MADAME VILARD-DUVAL

Ma pauvre fille! Quand je te prêchais de l'attendre, j'avais cette prescience des cœurs qu'ha-
bite la foi. Si tu m'avais écoutée, si tu t'étais
gardée libre, tu serais sur le point de te rendre à
M. de Pogis...

MARIANNE

Maman! Prenez-moi en pitié!

MADAME VILARD-DUVAL

Viens! ma petite! Viens bercer ta peine dans
mes bras!

MARIANNE, lui échappant.

Ne m'embrassez pas avant de m'avoir entendue!... Je me suis enfuie de Nérange, sans oser, moi, rapprocher mon visage de celui de mon enfant!

MADAME VILARD-DUVAL

Oh! Marianne!... Il me semble que je comprends!

MARIANNE

Oui! Ne cherchez plus. Cette nuit, Max est venu dans ma chambre!...

MADAME VILARD-DUVAL

Avec ton consentement?

MARIANNE

Non!... Si!. . Je ne sais pas!... En d'autres temps, ce premier maître de mon âme et de mon corps avait eu toute licence de désarmer mes rébellions, mes volontés, mes pudeurs... Toutes les ressources par lesquelles une femme se défend, j'ai senti ne plus les avoir. J'ai cru reconnaître un vertige familier, je ne fus avertie par aucune honte, en me redonnant à un être qui n'était plus qu'un passant!

MADAME VILARD-DUVAL

Rougis et accuse-toi, oui, d'avoir disposé de
ta personne sans avoir eu, d'abord, l'honnêteté
de rompre un pacte qui, même de mauvais aloi,
t'a engagée envers M. Le Breuil. Mais c'est en
l'épousant, hors l'Église, par un mariage interdit,
que je t'ai vue dans le péché... (Vilard-Duval est entré;
et, frappé de l'attitude des deux femmes, il écoute à leur insu.)
Entre M. de Pogis et toi, il a toujours subsisté
un lien, selon moi, indissoluble... En mon âme
et conscience, tu n'as jamais eu pour époux véri-
table que celui dont tu reçus l'alliance au pied
de l'autel... Je ne peux pas me détourner de toi,
je ne peux pas te déclarer flétrie, parce que tu
es redevenue sa femme...

SCÈNE III

LES MÊMES, VILARD-DUVAL.

VILARD-DUVAL, intervenant.

Qu'est-ce que vous dites ?

MARIANNE, à son père.

Vous écoutiez ?

VILARD-DUVAL, accablé.

Malheureuse !... C'est toi, ma chère fille ! c'est
toi qui en es là !

MARIANNE, à madame Vilard-Duval.

Il y a des déchéances qu'on n'avoue qu'à sa
mère !... Cachez-moi !

MADAME VILARD-DUVAL

Dans une crise aussi grave, ne faisons pas de secrets de femmes à ton père. Qu'il intervienne, en chirurgien. Nous avons à trancher.

VILARD-DUVAL, à sa femme.

Je vous ai interrompue quand vous lui rendiez le mauvais service de l'aveugler sur sa faute. Où voulez-vous en venir?

MADAME VILARD-DUVAL, à son mari.

L'unique enfant dont nous soyons les grands-parents est né de M. de Pogis. Celui-ci est, devant Dieu, le seul mari de notre fille. Après ce qui vient de se passer, je déclare que personne ne doit être un obstacle entre eux. Je n'ai jamais reconnu M. Le Breuil pour mon gendre. A vous de réparer votre erreur, en sachant l'écarter de votre famille.

MARIANNE

Songez, ma mère, que je dois un terrible compte à l'homme dont vous parlez si aisément!

MADAME VILARD-DUVAL, à sa fille.

Ta situation me justifie quelque peu de prétendre actuellement à te conduire. (Avec douceur.) Tais-toi! (A Vilard-Duval.) Le mariage avec M. Le Breuil ne s'est fondé que sur un divorce. Détruisez-le par le divorce.

VILARD-DUVAL

Vous vous égarez : lors même que Guillaume y souscrirait, Marianne ne pourrait pas ainsi s'appeler une seconde fois Mme de Pogis. Il faudrait qu'elle devînt veuve. La loi interdit de reprendre un ancien époux par le moyen d'un nouveau divorce.

MADAME VILARD-DUVAL

Alors, le malheur de notre fille est irréparable!... Si vous voyez, pour elle, une ligne droite à suivre, une conduite possible, indiquez-la!

VILARD-DUVAL, à Marianne.

Ecoute, mon enfant : Ta mère m'a forcé d'in-

16

tervenir en un sujet où j'aurais souhaité que tout mon silence allégeât ta détresse... Puisque j'ai commencé, veux-tu que nous causions un peu plus?

MARIANNE

Ah! Je suis tombée si bas!... Dans l'humiliation d'avoir aussi affaire à vous, je ne sentirai que du secours.

VILARD-DUVAL, avec autorité.

Tu as été victime d'une minute d'égarement. Tu viens d'entendre que ton premier mari ne saurait te rendre une situation légitime. Je ne te ferai donc pas l'injure de supposer que tu accepterais avec lui des relations clandestines.

MARIANNE

Non! Je ne me traînerai pas dans une liaison furtive. Il me serait impossible de supporter l'existence dans des conditions inavouables. Je ne reverrai pas M. de Pogis.

MADAME VILARD-DUVAL, à sa fille.

Tu te flattes, quand il est dans la fièvre de sa

victoire, qu'il ne la poursuivra pas!... Allons
donc! Tu l'aimes. Vous vous aimez... Il n'a pas
fini d'être sur ta route!...

MARIANNE

J'ai entrevu, depuis quelques heures, le moyen
qu'on a toujours d'échapper à trop d'avilissement.
J'ai déjà failli me tuer.

VILARD-DUVAL

Oh!

MADAME VILARD-DUVAL

Chasse cette pensée abominable!... D'un caractère comme le tien, elle épouvante!

VILARD-DUVAL

Tu as un enfant, Marianne. Tu ne dois jamais
perdre cela de vue. Ton devoir de vivre pour lui
est supérieur à tout.

MARIANNE

Mon cher petit!... C'est la vision que j'en ai
eue... Pardonnez-moi, vous deux!... c'est sa seule

image qui m'a retenue, à l'instant de me faire
écraser sur les rails !

MADAME VILARD-DUVAL, à son mari.

Vous l'avez entendue ?... Comprenez-vous
que nous côtoierons la catastrophe, tant que
notre fille se débattra dans des considérations
qui l'oppriment, tant qu'elle voudra lutter contre
un amour qui l'appelle, qui l'attire, et qui a des
droits !... M. le maire, avez-vous dit, ne redonne-
rait pas son agrément à un nouveau contrat avec
M. de Pogis ? Je me contenterais de nous savoir
d'accord avec la vieille loi du bon Dieu !...
(A Marianne.) Commence par te retirer du monde,
auquel il ne faut jamais demander qu'il s'em-
barrasse de nos cas difficiles ou fâcheux. Cela
fait, en face de toi-même, tu prononceras. J'aurai
fini de te conseiller. Je ne me permettrai plus de
te rien dire. Mais si tu te sentais alors l'audace
exemplaire à laquelle je songe, c'est moi que tu
aurais, cette fois, à ton côté. Je serais là pour
dissuader qu'on te jette la pierre, pour te couvrir
de mon honnêteté. Je te soutiendrais de tout le
crédit que ma vie a mérité, je mettrais tout
mon honneur à te défendre, le jour où tu ne

reconnaîtrais plus pour ta demeure que celle de
ton époux chrétien !

MARIANNE

Comment voudriez-vous !...

VILARD-DUVAL

La religion défend, elle-même, qu'on la serve
par du scandale !...

MADAME VILARD-DUVAL

Le scandale n'est plus à naître. Au contraire,
il touche à son terme, si Marianne décide enfin
de mettre à néant un mariage qui n'en est pas
un !

VILARD-DUVAL, à Marianne.

Résiste à ces suggestions qui veulent t'hallu-
ciner. Je n'invoquerai, moi, que ta bonne foi.
Tu as, un jour, enterré définitivement tout ce
qui avait existé entre M. de Pogis et toi. Ce
jour-là, d'une volonté libre, et en parfaite con_
naissance de cause, tu as échangé avec Guillaume

16.

des engagements sans réserve... Et tu ne doutes pas qu'il ait, celui-là, toujours tenu les siens?

MARIANNE

Je n'en doute pas.

VILARD-DUVAL

Eh bien, quels que soient les livres sur lesquels on atteste, livres saints ou livres graves, nulle part la parole donnée ne vaut plus ou moins; partout elle vaut autant; elle est la parole que l'on a, la seule que l'on ait, la parole des honnêtes gens!... Je te dis qu'à présent ton seul droit est de racheter ta faute envers Guillaume! Ton seul devoir possible est envers lui!

MARIANNE

Dans le désordre de mon esprit, je n'ai qu'une idée fixe : la désolation de l'avoir trahi.

VILARD-DUVAL

Il est donc urgent d'envisager comment tu vas pouvoir te comporter en sa présence.

MARIANNE, terrifiée.

Je me suis réfugiée ici pour ne pas l'affronter!

VILARD-DUVAL

Il est allé t'attendre. Il est à se demander ce que tu es devenue.

MARIANNE, de même.

C'est vrai!

VILARD-DUVAL

D'un moment à l'autre, il peut recourir à nous, reparaître dans cette maison.

MARIANNE, de même.

En effet!

VILARD-DUVAL

Ce serait déjà étrange à ses yeux qu'après ta longue absence tu n'aies pas eu, pour premier élan, de rentrer au domicile conjugal.

MARIANNE, dans un mouvement de fuite.

Rentrer chez moi!... chez lui!... Oh! non! N'exigez pas cela! N'y comptez pas!

MADAME VILARD-DUVAL, à son mari.

Vous voyez bien qu'elle n'en a pas la force.

MARIANNE

Dites que je n'en ai pas l'infamie!

VILARD-DUVAL

Si ton mari entrevoyait la vérité, n'as-tu pas pitié de son désespoir? Impose-toi la contrainte qui va sauvegarder son repos!

MARIANNE

Pour le préserver d'une peine, je suis prête encore à lui sacrifier ma vie, comme il y a quelques heures. Je vous protesterais de ce qu'il m'inspire toujours, si les mots de respect et d'affection ne devaient pas prendre aujourd'hui, sur mes lèvres, une atroce ironie... Oui, tant que je fus innocente envers Guillaume, son amour a été pour moi du bonheur. Mais, maintenant, cet amour, je frémirais de le voir approcher!... Je ne peux pas commander de cyniques obéissances à tout mon être. Je ne peux pas être une créature

dont ce ne serait pas fini que l'on disposât tour
à tour!... Cela, non! Je ne le peux pas! Je ne le
peux pas! Je ne le peux pas!

MADAME VILARD-DUVAL, à son mari.

Mais la laisserez-vous enfin!... Faut-il donc
être femme pour sentir, jusqu'au fond de l'âme,
la protestation qu'elle vous crie!

(Un coup de timbre retentit. Les trois personnages dressent
la tête, en échangeant un regard d'anxiété tragique.)

VILARD-DUVAL, à sa femme.

Vous n'attendiez personne?

MADAME VILARD-DUVAL

Non.

VILARD-DUVAL, regardant l'heure.

C'est juste le temps d'être revenu. C'est Guillaume.

MARIANNE

Ah!

MADAME VILARD-DUVAL

Allez au-devant de lui. Déclarez que Marianne n'est pas chez nous.

MARIANNE

Et le portier qui s'est empressé vers moi! Et le valet de chambre qui m'a ouvert!... Guillaume ne peut manquer de savoir ma présence.

MADAME VILARD-DUVAL, pressant son mari.

Retenez-le. Gagnez des instants! (A Marianne.) Passe dans ma chambre!

VILARD-DUVAL

C'est cela! (A Marianne.) Disparais. (Il sort par le fond.)

SCÈNE IV

MADAME VILARD-DUVAL, MARIANNE.

MARIANNE

Me sauver ainsi de pièce en pièce!... Non!...
J'ai reculé devant le retour chez Guillaume,
parce que, ne voulant pas l'abuser, c'était venir
le braver. Mais, chez vous, je ne serai pas assez
vile pour esquiver la rencontre.

MADAME VILARD-DUVAL

C'est bien lui, tu sais, qui est là, puisque ton
père ne revient pas nous rassurer... Que vas-tu
lui dire?...

MARIANNE

Ce qu'il faudra!... Ce que je devrai!... Je n'y
ai pas réfléchi.

MADAME VILARD-DUVAL

Oh!... Prends garde!... Tes mains sont gelées. Tu es hors de toi! Tu serais sans mesure!...

MARIANNE

A l'instant d'aborder Guillaume, je ne serai jamais mieux... Pourquoi retarder l'inévitable?

MADAME VILARD-DUVAL

Il y a peut-être moyen que j'amortisse le premier choc. Fais-moi la concession de passer par là. Pour moi, fais-le, je t'en prie!

MARIANNE

Soit!... J'attendrai.

MADAME VILARD-DUVAL

Dépêchons!

MARIANNE, ayant gagné la porte du second plan, à gauche.

J'attends. (Elle sort.)

SCÈNE V

MADAME VILARD-DUVAL, GUILLAUME, VILARD-DUVAL.

GUILLAUME, entrant par le fond, et d'une voix brève.

Bonjour, madame... Où est Marianne?

VILARD-DUVAL, à sa femme.

J'ai dit à Guillaume qu'elle nous était arrivée dans une agitation, une fébrilité...

MADAME VILARD-DUVAL, à Guillaume.

Oui : le silence, la solitude, lui sont absolument nécessaires.

GUILLAUME

Ce n'est pas ma vue qui peut lui faire du mal?

MADAME VILARD-DUVAL

Personne auprès d'elle : voilà ce qu'il lui faut.

GUILLAUME

Pardon! J'ai besoin de juger par moi-même!...
Vous me jetez dans l'effarement...

VILARD-DUVAL

Oh! comprenez bien!... Elle va se remettre.
La maladie de son fils lui a communiqué une
surexcitation excessive. Pour un peu, ce serait du
délire. On ne vous demande que le temps de la
calmer...

MADAME VILARD-DUVAL

Mais oui! C'est cela!

GUILLAUME

Mon émotion augmente avec vos paroles. Je
m'effraie et je m'irrite... Je sens autour de moi
flotter du mystère...

VILARD-DUVAL

Qu'allez-vous chercher?

GUILLAUME

Je ne cherche rien. J'insiste simplement pour être mis en présence de ma femme.

VILARD-DUVAL

Nous devons nous y opposer.

MADAME VILARD-DUVAL

Certainement !

GUILLAUME

En ce cas, je ne discute plus : j'exige. Je veux voir ma femme. (Il fait un pas en avant.)

VILARD-DUVAL

Vous ne passerez pas !

MADAME VILARD-DUVAL

Laissez-moi parler. (A Guillaume.) Je me décide à vous donner un motif pour lequel vous ne serez pas sans égard. Je n'y suis pas autorisée par Marianne. Je prends sur moi de vous faire cette communication. Vous savez que, durant des heures récentes, elle a eu lieu de croire que son fils était condamné. Elle aura, sans doute, réentendu de loin ma voix, qui l'a toujours avertie que vous mettiez dans son existence la menace d'une grande punition. L'enfant a survécu. Mais, en échange, c'est l'union néfaste qui est morte : Marianne ne peut plus se regarder comme votre femme.

GUILLAUME, incrédule.

Elle aurait résolu cela?

MADAME VILARD-DUVAL

Prenez-vous-en à moi, qui l'ai fortifiée pour cette abjuration. Considérez que Marianne est désormais séparée de vous par la puissance d'un vœu.

GUILLAUME

C'est impossible!.. Elle m'aurait fait pressentir une détermination aussi féroce... Comment, hier encore, m'aurait-elle annoncé joyeusement son retour?

MADAME VILARD-DUVAL

Vous constatez pourtant qu'elle s'est arrêtée
ici, cherchant conseil. Et son père et moi, frappés
de son aspect, nous avons voulu qu'elle ajournât
tout entretien avec vous.

GUILLAUME

Non pas! Si Marianne, à elle seule, a disposé
de nous deux, j'entends qu'elle-même me fasse
part de cela, sans délai.

VILARD-DUVAL

Ne brusquez pas les choses!

GUILLAUME

Priez ma femme de venir.

MADAME VILARD-DUVAL

C'est plutôt vous, dans quelques heures, qui
devriez revenir...

GUILLAUME, dans un nouveau mouvement en avant.

Qu'elle vienne, ou j'y vais !

VILARD-DUVAL

Oh !

MADAME VILARD-DUVAL, arrêtant Guillaume.

Non, pas vous ! Moi, j'irai : elle viendra.
(Elle sort par la porte où Marianne s'en est allée.)

SCÈNE VI

VILARD-DUVAL, GUILLAUME.

VILARD-DUVAL

Mon impression, à moi, c'est que Marianne, évidemment, souffre d'un cas de conscience, mais que ce ne sera pas irrémédiable. Seulement, ne la réduisez pas, dans un débat prématuré, à vous tenir des propos extravagants. Traitez-la en malade. Réglez votre attitude sur la sienne. Dites-lui qu'elle aura le temps moral de se re-recueillir. Et, pour cette fois, abrégez la conversation.

GUILLAUME

Et après?

VILARD-DUVAL

Ma femme et moi, nous attendions pour nous rendre dans le Dauphiné que notre petit-fils ne nous inquiétât plus. Nous y conduirions Marianne immédiatement. Je ne vous demande qu'une semaine pour la raisonner, pour accomplir ce que, dans son intérêt et le vôtre, je crois pouvoir.

GUILLAUME

Votre affection m'inspire toute confiance. Je n'ai d'autre but au monde que ma femme, sa santé, les arrangements qui lui seraient favorables. J'agirai comme je le devrai, dès qu'elle m'aura dit ce qu'elle désire, ce qu'elle a...

SCÈNE VII

LES MÊMES, MADAME VILARD-DUVAL.

MADAME VILARD-DUVAL, à Guillaume.

Marianne me suit. (A son mari.) Elle veut que nous la laissions seule avec lui. (Elle gagne la porte du premier plan, à gauche.)

VILARD-DUVAL

Ah!... Bien! (A Guillaume.) Souvenez-vous de mes recommandations. (Il sort à la suite de sa femme. — Marianne paraît, au second plan.)

SCÈNE VIII.

GUILLAUME, MARIANNE.

GUILLAUME

Enfin, c'est vous, Marianne!... Toute changée,
paraît-il, que vous soyez à mon égard, c'est tout
de même vous que je revois!

MARIANNE

Vous l'avez voulu : c'est moi!

GUILLAUME

Est-il vrai que vous ayez prononcé un serment,
un vœu, je ne sais quoi de solennel, qui m'ex-
cluerait de votre vie?

MARIANNE

Ce n'est pas cela.

GUILLAUME

Pourquoi votre mère l'a-t-elle prétendu ?

MARIANNE

Elle pensait bien faire.

GUILLAUME

Alors, qu'est-ce qu'il y a ?... (Marianne fait un effort pour parler, et demeure muette.) Puisque les mots vous manquent, faut-il que j'essaie de vous aider ?

MARIANNE

Si vous le jugez bon.

GUILLAUME

Répondrez-vous sincèrement à ce que je vais vous demander ?

MARIANNE

A tout, oui.

GUILLAUME

Le désordre qui persiste dans votre esprit ne tient pas à la maladie de votre fils. Il a été causé par l'homme que vous avez revu?

MARIANNE

C'est à cause de lui, en effet.

GUILLAUME

Un trouble vous a pris dans le cadre de votre existence passée, dans le voisinage de votre ancien mari. Il s'en est aperçu, n'est-ce pas?

MARIANNE

Oui.

GUILLAUME

Et il a trouvé plaisant d'ajouter à votre émotion?

MARIANNE

C'est possible!

GUILLAUME, avec violence.

Ah!... L'idée de ces choses m'avait déjà traversé l'esprit, tandis que vous étiez abandonnée à vous-même dans des conditions si anormales!... Oh! saisissez bien : vous êtes de celles dont on ne suspecte pas les actions!... Mais je vous voyais, — quelle que fût la dignité de manières qui vous enveloppât, — je vous voyais subir ce regard que jettent les hommes sur les femmes qui ont été à eux... Tenez : il y a six ou sept mois, un soir, au théâtre, — vous ne vous en êtes pas aperçue, — M. de Pogis était dans une baignoire. Mes yeux rencontrèrent les siens, quand il venait de les promener sur vous. Je ne peux pas exprimer la sensation que j'éprouvai!... Sachez seulement que, bien des fois depuis deux semaines, je me suis représenté les mêmes yeux de l'individu se posant de nouveau sur votre personne, avec la connaissance qu'ils en ont gardée. Et mes jalousies de votre premier mariage me remontant au cerveau, je voyais... Je voyais rouge!...

MARIANNE, épouvantée.

Ah! oui!

GUILLAUME

Au fait, vous êtes partie de là-bas plus tôt que vous ne l'aviez annoncé. Pourquoi cette précipitation? Était-ce pour vous soustraire à de trop graves importunités?

MARIANNE

Je n'ai pas dit cela!

GUILLAUME

Vous avez promis de répondre à tout.

MARIANNE, à bout de forces.

J'ai trop répondu. Vous poussez l'interrogatoire jusqu'à un point où c'est de la torture... Oh! voyons! N'interprétez pas mal ce que je veux dire!... Cela signifie que je suis femme, que j'ai un excès de nervosité. Il me prend des frémissements, une révolte, à vous sentir fouiller ainsi mes impressions les plus secrètes et vouloir les mettre à nu!... Ne me questionnez pas davantage. Finissez-en!... Laissez-moi!

GUILLAUME

Devant votre mine de suppliciée, je m'arrête.
Si votre retour a été hâté par quelque goujaterie
dont vous répugnez à vous plaindre, ajournons
ce sujet... (S'efforçant à sourire.) Le principal, c'est que
vous êtes à l'abri des influences, des tentatives
même, qui vous auront révolutionnée... Votre
nervosité, comme vous dites, n'a plus de raisons
d'être... Sinon, quoi? Que voudriez-vous que je
suppose?... (Avec une angoisse qui tâche de plaisanter.) Vous
seriez alors revenue à regret? à contre-cœur?
uniquement rappelée auprès de moi par le devoir? Vous seriez inconsolable de ne plus être la
châtelaine de là-bas?... Vous ne m'aimeriez plus?

MARIANNE

Mon sentiment pour vous, Guillaume, n'a
jamais été si profond qu'en ce moment!

GUILLAUME

Ah! ma chère femme, voilà une assurance qui
me fait du bien. Et j'en avais besoin!... Fort de
cela, je me charge à présent de dissiper les fan-

tômes que vous auriez encore dans l'imagination !... Vos parents s'offraient à prendre soin de vous quelque temps. Mais, pour choyer votre âme, personne ne s'emploiera aussi tendrement que moi, votre mari, moi, votre amoureux...

MARIANNE, reprise d'une autre épouvante.

Vous n'allez pas m'emmener ?

GUILLAUME

Je vais t'emporter chez nous !...

MARIANNE

Oh ! Guillaume !

GUILLAUME

Chez nous ! Devines-tu ce que ces deux mots t'expriment d'impatience dévorée, de désir fou !...

MARIANNE, le voyant avancer.

Que voulez-vous ?

GUILLAUME

T'embrasser!

MARIANNE

Ne me touchez pas! N'usez pas de votre force!

GUILLAUME, l'étreignant.

Tu sais bien que mes envies de toi ne te cèdent jamais...

MARIANNE, suppliante.

Lâchez-moi!

GUILLAUME

Un baiser, d'abord?

MARIANNE, dans une résistance désespérée.

Vous ne devez pas!

GUILLAUME

Un seul! Un vrai!

MARIANNE

Oh! non! non!

GUILLAUME

Je te tiens!

MARIANNE, le muselant de ses mains.

Pas vos lèvres!... Malheureux! pas vos lèvres!...
(Mais, les deux mains devenues captives dans la poigne de Guillaume,
elle n'a plus pour défense que ce cri :) L'autre m'a possédée!

GUILLAUME, reculant, avec une rauque exclamation de stupeur.

Hein?

MARIANNE

J'étouffe de vous avoir trahi! Achevez-moi!
Tuez-moi!

GUILLAUME

Toi!... toi!... Réponds vite qu'il y a eu guet-
apens?... Tu ne t'es pas donnée?

MARIANNE

Je n'avais rien prévu. Je n'ai rien voulu. La
fatalité m'a prise!

GUILLAUME

Cet homme, tu ne l'as pas raimé subitement?
En allant te mettre à sa merci, tu savais que tu
l'aimais?

MARIANNE

Non, je ne le savais pas!... Je ne saurais expliquer rien!... Je ne sais pas! je ne sais pas!...

GUILLAUME

Tu avoues donc un entraînement des sens,
une facilité de fille perdue, de bête en folie?

MARIANNE

Flétrissez-moi!... Oui!... Crachez-moi votre
dégoût au visage! Faites-moi mourir de honte!

GUILLAUME, dans un instant de faiblesse.

La honte, c'est d'être comme moi un lâche
qui va pleurer!

MARIANNE

Oh! j'étais prête pour votre vengeance, mais
non pour vos larmes.

GUILLAUME, se ressaisissant.

Tranquillisez-vous! les larmes sont rentrées. Quant à ma vengeance, elle est ailleurs. (Il se dirige vers la sortie.)

MARIANNE, s'interposant.

Où allez-vous?

GUILLAUME

Trouver M. de Pogis.

MARIANNE

Moi seule avais des devoirs envers vous. Ne vous en prenez pas à lui!

GUILLAUME

Vous tremblez pour sa peau?

MARIANNE

Je ne veux pas que, par ma faute, ce soit vous deux qui vous entr'égorgiez!

GUILLAUME

Nous ne nous battrons pas. Je ne m'étais

apprivoisé que pour vous plaire. Vous m'avez
rejeté dans la sauvagerie. Je vais chez M. de
Pogis pour le tuer!

MARIANNE

Oh! vous ne sortirez pas d'ici avec cette menace effroyable!

GUILLAUME

Allons! J'ai loin à me rendre. Ne m'entravez
pas!

MARIANNE, suspendue à lui et traînée sur les genoux.

Piétinez-moi! Mais je vous retiendrai!

GUILLAUME, lui serrant les poignets pour la détacher.

Vous m'obligez à vous faire mal.

MARIANNE, lâchant prise, avec un grand cri
de douleur physique.

Ah!

GUILLAUME, la laissant agenouillée.

Adieu! (Il sort par le fond.)

SCÈNE IX

MARIANNE, puis MADAME VILARD-DUVAL, puis VILARD-DUVAL. Marianne se relève dans les sanglots, et court à la poursuite de Guillaume. A ce moment, monsieur et madame Vilard-Duval, qui ont perçu le dernier cri de leur fille, entrent précipitamment. Leur appel arrête celle-ci près de la porte du fond.

MADAME VILARD-DUVAL, entrant la première,
et défaillant devant l'état de sa fille.

Oh! mon Dieu!...

MARIANNE, indiquant le chemin que Guillaume a pris.

Empêchez-le!

VILARD-DUVAL, la tenant dans ses bras.

Parle-nous! On fera ce qu'il faudra. Mais parle!

MADAME VILARD-DUVAL

Ma fille! ma fille!

(Marianne, étouffée par l'émotion, n'a plus qu'un souffle
entrecoupé, sans articulation de mots, pendant que le rideau
tombe.)

RIDEAU.

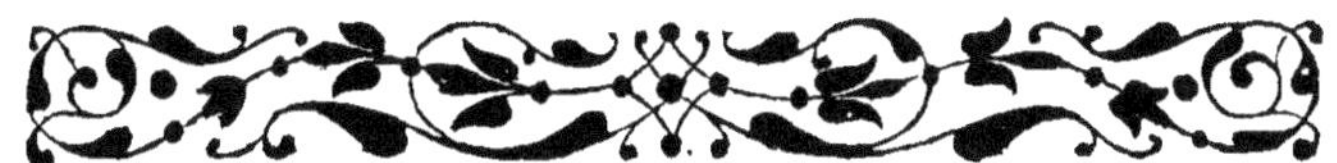

ACTE V

Une terrasse plantée d'arbres. — Elle est bornée, au fond, par
une balustrade dont une partie est en réparation. Une corde est
tendue par des pieux, pour écarter de l'endroit béant sur un à-pic.
Vers la droite, la balustrade s'arrondit en encorbellement : là,
sont disposés une table, des sièges. Et une lanterne de fer forgé
sert, sans doute, à éclairer ce coin, pour s'y réunir, durant les
beaux soirs.
A droite et à gauche, des allées.
A droite, au premier plan, un banc de jardin. A gauche, au pre-
mier plan, une table et deux fauteuils rustiques.
Des feuilles mortes par terre. Çà et là, des géraniums en cercle,
à la base de quelques gros marronniers.
Dans les arrière-plans, on voit venir un cours d'eau, à brusques
tournants, parmi une succession de collines.
Un ciel de fin de septembre, vers l'heure du crépuscule.

SCÈNE PREMIÈRE

MADAME VILARD-DUVAL, puis MARIANNE.

Au lever du rideau, madame Vilard-Duval est seule, assise devant
la table, à gauche, au premier plan. Elle y a son panier à ouvrage.
Elle travaille. Marianne, venant par une allée de gauche, la re-
joint.

MADAME VILARD-DUVAL

Eh bien ?...

MARIANNE

Eh bien, leur promenade se prolonge!... Le
précepteur n'a pas encore fait rentrer Louis à la
maison.

MADAME VILARD-DUVAL

Ils sont partis avec l'herbier, le filet à papil-
lons... Voilà de quoi les avoir entraînés plus loin
que tu ne voudrais, sur le coteau. Mais ton fils est
en état de bien marcher. Je l'ai ramené solide,
de mon voyage, là-bas!

MARIANNE

Nous sommes en septembre. Le soleil est
couché. Le brouillard commence à s'élever du
Rhône.

MADAME VILARD-DUVAL

Ton père est allé au-devant d'eux leur dire de
se presser.

MARIANNE

Pourvu qu'il ne soit rien arrivé!

MADAME VILARD-DUVAL

Mais non! mais non!

MARIANNE

Tout, à présent, me fait trembler. Je tremble
sans cesse!

MADAME VILARD-DUVAL

Hélas! chère fille! moi aussi, je sors de connaître l'état où l'on tressaille à chaque supposi-
tion, à chaque mouvement de l'âme. J'ai passé
par là, il y a dix jours, en allant devancer M. Le
Breuil au château de Nérange... Quelles étaient
mes transes, alors que M. de Pogis me refusait
obstinément de se soustraire au crime qui le menaçait!

MARIANNE

C'était bien le meurtre, oui, que j'avais dé-
chaîné!

MADAME·VILARD-DUVAL

Comment ai-je obtenu qu'un homme de bravoure éprouvée se résignât à chercher abri hors de sa demeure, à déloger subrepticement ?... Ah ! j'avais beau répéter qu'il fallait épargner à ton nom le plus horrible des scandales, je me heurtais aux préjugés combatifs et arrogants du caractère masculin !... Que mes prières l'aient emporté, cela reste pour moi miraculeux !... Et lorsque M. de Pogis, dans son départ trop tardif, a presque croisé l'autre, pour qu'il l'ait évité cependant, il y a encore eu là, je t'assure, du miracle !... Efforce-toi donc, Marianne, de mieux t'en rapporter à la Providence. Tâche enfin de reprendre un peu haleine à cette pensée qu'un carnage n'est plus possible, depuis que Max a disparu...

MARIANNE

Disparu !... Voulez-vous que je vous dise le lieu de sa retraite ?... Il est sur l'autre rive, (Indiquant la direction.) dans une auberge, là !

MADAME VILARD-DUVAL

Que m'apprends-tu ?

MARIANNE

Oui, grâce aux pourparlers que vous avez eus
ensemble, il savait bien dans quelle direction
me relancer!

MADAME VILARD-DUVAL

Il est parvenu jusqu'à toi?

MARIANNE

Non!... Par bonheur, il observe envers moi ce
ménagement de ne pas me revoir sans que je
l'aie permis... Seulement, tous les jours, une
lettre de lui m'apporte sa plainte et son appel.
Il emploie pour messager un garçon du pays,
qui s'ingénie à me rejoindre, dans les allées
mêmes de ce parc... Ce matin encore, je voulais
ne pas décacheter le pli qui allait réclamer de
moi un rendez-vous. Mais, comme d'habitude,
j'ai craint de rester alors dans l'ignorance de
quelque projet fou, de je ne sais quoi qu'il serait
urgent d'empêcher!... Sous cette pression, je lis
chaque fois... Et je ne réponds pas!

MADAME VILARD-DUVAL

Pourquoi m'avais-tu fait mystère de ces agissements?

MARIANNE

Ah! n'aurais-je pas dû aussi bien continuer à me taire?... J'ai cédé à de l'impatience, quand vous m'exhortiez à faire une contenance meilleure. Mais ne vous étonnez pas que j'aie, un certain temps, vécu dans cette dissimulation. Je cherchais à ne pas ranimer entre nous, je tâchais d'ensevelir sous du silence, ce que j'ai eu à vous livrer de mon alcôve!... Au moins, je ne veux pas apercevoir dans les yeux de mon père que vous lui auriez reparlé de ces choses! Cachez-lui, n'est-ce pas? que Max est actuellement notre voisin.

MADAME VILARD-DUVAL

A ton gré... Mais, puisque tu t'étais mise à me faire un premier secret, n'en as-tu pas un autre?... Depuis que la crise a éclaté entre Guillaume et toi, es-tu réellement sans nouvelle de lui?

MARIANNE

Oui!... Aucune nouvelle!

MADAME VILARD-DUVAL

Il y a eu déjà une semaine, avant-hier, qu'il a
pris sa course sinistre!... Que prépare-t-il?...
Qu'est-ce qu'il est devenu?...

SCÈNE II

Les Mêmes, VILARD-DUVAL, arrivant par une allée
de droite.

MARIANNE

Vous voici de retour, mon père, sans ramener
Louis?

VILARD-DUVAL

Sois rassurée à son égard... Le fermier, tout à
l'heure, a dépassé dans les champs ton fils et son
maître : tous deux rapportaient une moisson de
fleurs sauvages. Mais ils reviennent lentement,
parce que le vieux professeur est essoufflé...

MARIANNE

Ça n'a pas le sens commun!

VILARD-DUVAL

Je me serais acheminé jusqu'à l'endroit où l'on me signalait les retardataires. Mais j'ai été retenu par une rencontre...

MARIANNE

Qui avez-vous rencontré?

VILARD-DUVAL

Guillaume.

MARIANNE

Lui!

MADAME VILARD-DUVAL

Celui-là, maintenant, est dans le pays!...

MARIANNE

Depuis quand?

VILARD-DUVAL

Il venait de descendre à la station. Il ne connaît pas cette propriété. Il en cherchait une porte.

MARIANNE

Que veut-il ?

VILARD-DUVAL

Il demande à te parler.

MARIANNE

Je pensais que nous n'avions plus rien à nous
dire !

MADAME VILARD-DUVAL

Quel motif vous a-t-il donné de sa démarche ?

VILARD-DUVAL

Je ne l'ai pas questionné. Je n'ai pas cru
devoir toucher, moi-même, à la plaie de son
âme.

MADAME VILARD-DUVAL

Au moins, quel est son air ?

VILARD-DUVAL

Le visage est ravagé... Les yeux se détournent,

comme pour ne pas laisser voir combien ils ont pleuré.

MARIANNE, navrée.

Ah!...

VILARD-DUVAL, à Marianne.

Décide la réponse que j'ai à lui rapporter.

MARIANNE

C'est si douloureux de me remettre en face de lui!

MADAME VILARD-DUVAL

N'hésite pas cependant à le recevoir tout de suite. Il resterait à rôder dans les environs.

MARIANNE, à sa mère.

Vous avez raison. (A son père.) Faites-le venir.

VILARD-DUVAL

Bien, ma fille!... Je retourne chercher Guillaume, et je le conduis à la maison.

MARIANNE

Oh! non!... N'éveillons pas la curiosité des
gens de service et leurs commérages... Puisque
le visiteur va entrer par la petite grille, il n'a
qu'un pas à faire pour me trouver sur cette terrasse.

MADAME VILARD-DUVAL

Mais on y est déjà presque dans la nuit!

MARIANNE

Pour les paroles qui sont à échanger, mieux
vaut ne pas se voir.

MADAME VILARD-DUVAL

Comment te laisser à cette distance de l'habi-
tation, dans un tête-à-tête qui a pour moi quelque
chose d'effrayant?... Nous autres, une fois ren-
trés là-bas, à peine entendrions-nous, si tu ap-
pelais!

VILARD-DUVAL

Oh! ma femme!... Guillaume ne vient pas
lever le poing sur elle!...

MARIANNE

Voyons, mère! D'un tel homme, la seule chose
qui ne soit pas à craindre, c'est une lâcheté.

MADAME VILARD-DUVAL

J'ai eu tort, en effet. Ma défiance était
indigne.

VILARD-DUVAL, à Marianne.

Alors, il n'y a plus d'objection : ici?

MARIANNE

Oui, ici.

(Vilard-Duval s'en retourne par l'allée de droite.)

SCÈNE III

MADAME VILARD-DUVAL, MARIANNE.

MADAME VILARD-DUVAL

Tu n'as, contre la fraîcheur du soir, qu'une mousseline sur les bras. L'humidité commence à tomber, sensiblement.

MARIANNE

Je ne sens pas le froid !

MADAME VILARD-DUVAL

Il serait trop tard quand tu le sentirais. Tu vas demeurer au bord du fleuve !... Cette fois, ma fille, il n'y a rien de chimérique dans mon alarme. Viens mettre un manteau.

MARIANNE

Oh! ne m'attardez pas à cela!

MADAME VILARD-DUVAL

Quelque anxiété que j'aie, je ne peux rien pour toi que t'empêcher de tomber malade. Ne me rends pas tout à fait impuissante à te servir... Cède-moi!

MARIANNE

Pauvre maman!... Allons!

MADAME VILARD-DUVAL

Je rassemble mon ouvrage. Passe devant. Je te suis.

(Marianne sort par une allée de gauche.)

SCÈNE IV

MADAME VILARD-DUVAL, VILARD-DUVAL, GUILLAUME.

VILARD-DUVAL, entrant avec Guillaume par la droite.

C'est là.

MADAME VILARD-DUVAL, à Guillaume.

J'ai obligé Marianne à se vêtir plus chaudement. Je vais vous la renvoyer.

GUILLAUME

J'attendrai.

(Madame Vilard-Duval sort par la gauche.)

SCÈNE V

VILARD-DUVAL, GUILLAUME.

VILARD-DUVAL

Asseyez-vous.

GUILLAUME

Merci... Ne prenez pas la peine de me tenir
compagnie.

VILARD-DUVAL

Guillaume, je ne vous ai pas exprimé la sensation d'attachement robuste qui m'a secoué en
vous apercevant. Votre langage, aussi, a été
bref. Nous sommes d'accord que le moment ne

prête pas à des phrases entre nous deux... Mais,
avant que je me sois retiré auprès de ma femme,
à l'écart de ce que vous allez dire, je voudrais
emporter, de vous, le mot qui m'aiderait à supporter le temps... Apprenez-moi seulement si
l'esprit qui vous amène contient un peu d'apai-
sement?

GUILLAUME

Ah!... Je voudrais, moi-même, pouvoir me
définir où j'en suis!... De tous les sentiments qui
se battent en moi, le plus fort, toujours, est, je
crois bien, mon amour pour ma femme!... Je
viens chercher, dans la présence de Marianne,
une fascination pour me fixer enfin sur ce qui
serait possible... Ne me demandez pas de savoir
vous expliquer rien de plus!

VILARD-DUVAL

J'ai mieux à faire, mon ami, que de vous ob-
séder. Je vais, sur le chemin de ma fille, l'arrêter
quelques minutes. En la prévenant des intentions
que vous m'avez fait entrevoir, je tenterai, une
dernière fois, de vaincre celles que je lui connais.

GUILLAUME, anxieusement.

Ah!

VILARD-DUVAL

Je vous quitte.

GUILLAUME

Allez!

(Vilard-Duval sort par la gauche.

SCÈNE VI

GUILLAUME, seul.

Il a paru dire que Marianne repousserait, peut-être, un pardon que j'offrirais?... Il faudra bien alors qu'elle déclare si c'est à l'autre qu'elle prétend se garder!... (Fermant le poing.) Oh!... (Regardant vers la droite.) Qui arrive par là?

SCÈNE VII

GUILLAUME, UN JEUNE PAYSAN. Le nouveau venu entre, à droite, par un sentier, au second plan. Il n'aperçoit Guillaume qu'au moment, presque, de se heurter à lui.

LE JEUNE PAYSAN, reculant.

Ah!

GUILLAUME

Je vous ai fait peur, le gars?

LE JEUNE PAYSAN, cherchant à se dérober.

Excusez!

GUILLAUME

Vous vous sauvez?... Vous entriez donc ici en maraude?

LE JEUNE PAYSAN

Je n'ai rien fait de mal.

GUILLAUME, lui coupant la retraite.

Que veniez-vous faire pourtant?... Qu'est-ce
que vous tenez là, sous le vêtement, comme un
couteau?

LE JEUNE PAYSAN

Laissez-moi partir.

GUILLAUME, lui ayant saisi la main.

Une lettre!... (Il s'en empare.) Il n'y a pas d'adresse.
C'est cela que vous apportiez?... A qui?... Répondrez-vous?

LE JEUNE PAYSAN

Ne me battez pas!... Je ne devais me défaire
de la commission qu'auprès de la personne elle-
même...

GUILLAUME

Quelle personne?

LE JEUNE PAYSAN

La plus jeune des deux dames.

GUILLAUME

Qui vous envoie?

LE JEUNE PAYSAN

Le voyageur qui s'est logé, depuis peu, chez
mon patron, sur l'autre bord...

GUILLAUME, regardant la direction indiquée.

Là!... C'est là qu'il est!... (Au jeune paysan.) Il attend
une réponse?

LE JEUNE PAYSAN

Non. Il sait que je couche au village, par ici.
Ce soir, je ne repasserai point l'eau.

GUILLAUME

Le bateau qui vous a servi est là?

(Il désigne l'endroit possible d'une berge, au-dessous d'eux.)

LE JEUNE PAYSAN

Vous n'êtes pas du pays pour me demander ça.

GUILLAUME

Que voulez-vous dire?

LE JEUNE PAYSAN

J'ai amarré loin. J'ai traversé en amont. On n'accoste pas droit d'en face, contre les roches où vous êtes, sans avoir d'autres bras que les miens. Il faut, à cet endroit, des bras d'homme sur les rames.

GUILLAUME

Pourquoi?

LE JEUNE PAYSAN, indiquant l'abîme.

Vous entendez clapoter le tourbillon?

GUILLAUME, avançant pour écouter.

Ça?

LE JEUNE PAYSAN, montrant le barrage en corde.

Ne vous approchez pas. La barrière n'est pas refaite. Le gouffre est à pic. Quand on se fait prendre ici, on ne reparaît plus ni vif ni mort. Cette eau-là ne rend pas les corps!

GUILLAUME

C'est bien!

LE JEUNE PAYSAN

Figurez-vous qu'une fois...

GUILLAUME

Assez!... Allez-vous-en!

LE JEUNE PAYSAN, craintivement.

La lettre?

GUILLAUME

Je m'en charge.

LE JEUNE PAYSAN

Vous ne serez pas cause que j'aie des ennuis?

GUILLAUME, violemment.

Ah ça! t'en iras-tu?

LE JEUNE PAYSAN, dominé tout à fait par le ton.

Oui, bien sûr!... Après tout, ça ne me regarde plus! (Il s'en retourne par le sentier de droite.)

SCÈNE VIII

GUILLAUME, seul, après une courte hésitation avant d'ouvrir lui-même la lettre.

Est-ce que j'ai à me gêner! (Il déchire l'enveloppe. Mais l'obscurité du soir a augmenté.) Il fait trop noir. Je ne peux pas lire. (Fouillant dans sa poche.) Les allumettes ne vont pas durer sous cette brise... Il y a une lanterne, là... (Il y met la flamme, et prend connaissance du message.) Ah!... Marianne n'a pas accepté de le revoir! Mais il s'obstine!... Il se promet de réussir... (Lisant.) « ... Il y a un moyen de nous rencontrer sans vous compromettre. Vous pouvez me recevoir vers la tombée de la nuit, à l'extrémité de cette terrasse dont nous avons, jadis, tant aimé les solitudes. Au moment où cette lettre devra vous arriver, je serai à guetter de ma fenêtre. Si je vois s'éclairer le phare, ce sera le signal que vous m'attendez... » (Il s'arrête, lève ses yeux vers la lueur, et, dans une exclamation, se donne acte de ce qui ne peut plus être défait :) Ah!... (Achevant sa lecture.) « En moins d'un quart d'heure, j'aurai abordé près de vous, près de toi... » (Parlé.) Il va venir!... C'est bien! ..

SCÈNE IX

GUILLAUME, MARIANNE.

MARIANNE, rentrant par la gauche.

Pourquoi cette lumière?

GUILLAUME

Qu'importe! Accordez-moi toute votre at-
tention… Après ce qui s'est passé, je m'étais cru
à jamais détaché de vous. Mais l'ivresse de la co-
lère a eu vite fait de ne plus me soutenir. Je me
suis épuisé dans le besoin d'une vengeance qui
fuyait devant moi; et il est en votre pouvoir, à
présent, que je me détourne de vouloir l'assouvir.
Tel que je vous reviens, s'il vous plaît de me dire
que, dans votre cœur, l'amour a gardé pour moi

21.

des racines saignantes, s'il vous agrée encore que
je vous aime, alors je suis prêt à me déclarer
soumis, résigné, même heureux. Parlez!

MARIANNE

Guillaume, je m'étais donnée à vous de toute
ma bonne foi!... J'ai été votre femme sans dis-
traire, de ce que je vous devais, un rêve, un désir, une intention. Mais, parce que ma conscience
envers vous a été, en d'autres temps, si claire et
si pure, j'y vois d'autant mieux qu'elle est maintenant tachée d'un souvenir qui ne s'effacera pas.

GUILLAUME

Ce souvenir, ni ma conduite ni aucune de mes
paroles ne l'évoquera dorénavant. Tout ce que
je m'autoriserais à en savoir encore, c'est que
vous avez méprisé la ruse familière à tant de
femmes, quand il vous était si facile de m'abuser.
Je vous regarderai, respectueusement, comme un
être d'exception qui avez fait preuve de la plus
brave loyauté. Je m'en veux d'avoir été pour
vous outrageant et brutal. Je vous demande

l’oubli comme je vous l’apporte... Oublions!...
Je vous en prie, oublions!...

MARIANNE

Il se peut que votre pardon soit sans réserve,
et je vous en admire! et je vous en remercie!...
Mais, moi, je n’oublierai pas, je n’aurai pas la
puissance d’oublier!... Rappelez-vous que j’ai
devant vous hésité, l’autre jour, au seuil de mon
aveu, dans une terreur de ses conséquences. Mais
vous n’avez eu qu’à m’enlacer de vos bras et à
chercher mes lèvres avec les vôtres pour m’ins-
pirer une épouvante plus forte encore. Et la vérité est sortie de moi dans un cri d’agonie, parce
que, sous le contact, je sentais se mêler à mon
sang le froid éternel de ce qui, entre nous deux,
est mort!

GUILLAUME

Ne dites pas cela!

MARIANNE

Je vous dis de ne pas exiger l’impossible. Je

ne peux plus vous appartenir. Je ne serai plus à
vous!

GUILLAUME

Jamais?

MARIANNE, avec une autorité sans appel.

Jamais! Jamais!

GUILLAUME

Oui-da!... Vous avez donc échafaudé tout un
plan déjà de nouvelle existence. Et si je ne dé-
molis pas cela, vous comptez y faire la place à
M. de Pogis?

MARIANNE

Vous me méconnaissez, Guillaume!... Mes
droits à être aimée, mes droits à votre amour ou
à l'amour d'un autre, je les ai gâchés, souillés,
déchirés!... Mais je reprends mon dernier lam-
beau de fierté, dans un renoncement farouche à
toutes les pensées, à toutes les choses qui, en
moi, seraient la femme encore. Je n'ai plus qu'à
me dévouer uniquement à mon rôle de mère.

J'implore de vivre avec mon fils, de me cloîtrer
ainsi dans une sorte de solitude et dans la chas-
teté!... Vous, si généreux, si bon, vous ne vous
opposerez pas à cette rédemption de moi-même?
Vous n'invoquerez pas le contrat qui m'a liée à
vous? Vous me laisserez aller? Vous me laisserez
faire?

GUILLAUME

Est-ce que je suis homme à me réclamer de la
loi!... C'était ma passion qui nous attachait ensemble. Ce qui me restait d'espoir, vous l'avez
aujourd'hui tranché, avec votre terrible netteté...
Je ne serai pas votre mari malgré vous. En ce
qui dépend de moi, vous êtes libre!

MARIANNE

Ah! Guillaume!... Je n'ai pas de mots pour
vous exprimer ma reconnaissance... Je suis trop
émue!...

GUILLAUME

Ne vous flattez pas toutefois que votre projet
réussisse complètement!... Dès que vous ne

m'aurez plus pour vous faire un rempart menaçant contre l'autre, il vous considérera d'autant mieux comme sa proie. Vous parliez de vous enfermer, dans la retraite, avec votre fils? Mais l'enfant commun est l'appât qui lui a déjà servi, qui lui servira encore, et toujours, pour vous attirer, pour vous capturer!

MARIANNE

Oh! ne m'ôtez pas la confiance nécessaire!... Si celui auquel vous pensez s'acharnait contre moi, si je commençais à chanceler sous l'effort de sa volonté, j'enlèverais mon fils. Je l'emmènerais n'importe où, loin, plus loin encore, jusqu'au bout du monde!... Dites-moi que cela me serait possible! Dites-moi que cela me serait permis moralement! Le père m'a coûté trop de larmes, n'est-ce pas, pour que je ne sois pas quitte de tout envers lui?... Vous voyez bien les larmes d'angoisse, et les larmes sans fin, que la peur de lui me coûte encore!... (Elle a éclaté en sanglots.)

GUILLAUME

Comme vous l'aimez, cet homme!... Mais

oui! Mais si! Convenez-en à cette heure! Il n'y a plus à cela de scrupule. Envers moi, il n'y a plus de honte, il n'y a plus de mal, il n'y a plus rien!... Vous l'aimez désespérément, d'une âme héroïque!... Dites-moi que vous l'aimez jusqu'à la démence! Dites-le! dites!

MARIANNE

Pourquoi me pousser à une réponse inutilement atroce? Puisque je veux le fuir, qu'importent mes sentiments?... Ne creusez pas mon cœur avec des ongles!... Ne me faites pas souffrir davantage!... Je suis si malheureuse! si malheureuse!

GUILLAUME, gagné à son tour par les larmes.

Oh! Marianne! Ne pleurez pas ainsi!... Ne pleurez plus!... Fiez-vous à moi pour ne pas vous laisser vous consumer dans cette lutte contre vous-même... Je t'en supplie, cesse de gémir, éclaircis tes yeux!... Écoute: Le jour où tu m'as accepté comme époux, j'assumais la charge de ton bonheur, et je t'ai déclaré que je te donnais ma vie. Ton bonheur, il ne m'appartenait pas de le réaliser. Il est trop certain que, dans ton existence, j'aurai été l'erreur, l'accident!... Quant à ma vie, sans toi, elle ne vaut plus rien. Elle m'est intolérable!... Retourne à ta vraie destinée. Tu le pourras bientôt. Tu le pourras publiquement! Tu le pourras!

MARIANNE

Est-ce que je vous comprends? Qu'avez-vous imaginé de fou et de monstrueux?... Vous supposez que par-dessus votre cadavre, j'irais à un avenir, je marcherais à un but?... Eh bien, sachez ceci : je n'entrevois plus que deux issues. Il faut, vous m'entendez, que lui comme vous, il faut que lui aussi respecte mon retour chez les miens, dans le lit étroit où a dormi mon passé de vierge. Sinon, si je viens à sentir, après vous avoir exilé, que je retombe à celui qui m'a fait vous causer tant de peine, mon horreur de moi-même m'imposera l'autre dénouement : je me tuerai!

GUILLAUME

Te tuer! toi?... Je te le défends!... Laisse le suicide à d'autres!... C'est une besogne gros-

sière, une œuvre noire, qui ne sied pas à une
petite femme comme toi!

MARIANNE

Je vous jure pourtant que, si M. de Pogis con-
tinuait à me poursuivre, lorsqu'il penserait me
saisir, je serais morte avant!

GUILLAUME

Oh! non!... Je ne veux pas qu'une mort vio-
lente fracasse cette tête dont j'ai bu les sourires,
martyrise ce corps que j'ai tant adoré!... Tout
plutôt que de supporter la vie avec cette perspec-
tive! Tout! tout!

MARIANNE

C'est au contraire mieux, Guillaume, c'est
grand, que vous puissiez partir sans un regard
de défiance en arrière, sans la possibilité d'une
jalousie!... Je vous ai trop montré que j'étais incapable de vous mentir. Vous croyez bien, dites-
moi, à ce dernier serment que je vous fais?

22

GUILLAUME

Je crois, de toute mon âme, que tu le tiendrais. Si rien n'avait su te préserver des entreprises nouvelles que tu redoutes, oui, je crois que tu te tuerais!

MARIANNE

Alors, vous n'endurerez plus jamais par moi une pensée jalouse? Affirmez-le!

GUILLAUME

Je ne serai plus jaloux, Marianne. Je te le promets... Va! Nous n'avons pas à prolonger cette épreuve. Va! Nous avons tout dit!... Il est temps de nous quitter.

MARIANNE

Où irez-vous?... Qu'est-ce que vous ferez?

GUILLAUME

Je suis un ancien vagabond. Je vais repartir, sans doute, pour un long voyage dont j'ignore où il me mènera.

MARIANNE

Vous avez été pour moi du soleil, de l'air, de
la santé, de la force, de l'espoir, du bonheur!...

GUILLAUME

Mais pas de l'amour!

MARIANNE

Mon ami! mon ami! mon grand ami!...

(Elle s'est jetée à ses genoux.)

GUILLAUME

Oh!... Que faites-vous?

MARIANNE

Je vous dis l'adieu de reconnaissance et d'hu-
milité que je vous dois! (Elle lui baise une main, puis
l'autre.) Adieu!... Adieu!... Oh!... (Elle se sauve, par la
gauche, en sanglotant.)

SCÈNE X

GUILLAUME, seul.

Oui, adieu! (Il va vers le barrage de corde, qui sépare du gouffre.) Mon voyage? pourquoi ne serait-ce pas là que je m'embarquerais?... (Machinalement, il dénoue une extrémité de la corde et ouvre ainsi un passage entre deux pieux. Soudain, un bruit à droite le fait retourner.) On marche dans le buisson?...

SCÈNE XI

GUILLAUME, MAX. Ce dernier, écartant des broussailles, apparaît, à droite de la rotonde en encorbellement. A la vue de Guillaume, il effectue un pas en arrière.

MAX

Vous?

GUILLAUME

C'est la seconde fois, monsieur, que vous battez en retraite devant moi.

MAX, ayant dominé son mouvement nerveux.

J'ai été informé, en effet, que, sans arme, il ne faisait pas bon de se trouver, à un détour, avec un homme de votre espèce... Mais, si vous avez recouvré le sens des usages, je serai à vos ordres. Envoyez-moi des témoins!

GUILLAUME

Vous me devez un compte qui ne se réglera qu'à nous deux!... Vous avez attenté à la femme qui porte mon nom. Vous y avez attenté par libertinage, par métier de séducteur.

MAX

Je n'ai que faire de vos injures!

GUILLAUME

Vous avez couru à du plaisir, sachant bien, d'après vos mœurs, que vous délaisseriez encore cette malheureuse, quand, de nouveau, vous en auriez assez?

MAX

Vous ne savez pas ce que vous dites! Je ne m'arrête pas plus à vos propos qu'à ceux d'un fou!

GUILLAUME

En vous présentant ici, vous veniez lui proposer quelque accommodement, où elle me garderait pour mari et où vous la garderiez pour maîtresse?...

MAX

Vous désirez une explication?... Soyez satisfait : je venais lui demander de me suivre à l'étranger...

GUILLAUME

Ah! vraiment!

MAX

Je venais lui faire entendre que partout, hors de France, nous pourrions avoir le sentiment que nous sommes époux. Tandis que, dans ce pays-ci, vous auriez la loi à votre service pour nous traquer, pour nous séparer, même pour nous emprisonner...

GUILLAUME

Même pour vous tuer!

MAX

Tout beau! Vous n'en êtes plus, je présume,
au projet de m'assassiner...

GUILLAUME

Voulez-vous me dire ce qui me retiendrait?

MAX

Vous avez eu le loisir de la réflexion. Vous
devez prévoir que, dans un cas comme le nôtre,
vous n'aborderiez pas les assises, avec l'auréole
ordinaire du mari justicier... Vos droits? Une
immense partie de la société les tient pour équi-
valents à ceux du concubinage... Mon délit? Ce
n'est pas celui d'un amant : j'ai repris ma femme!

GUILLAUME, impassiblement.

C'est tout?

MAX

Non! Quelque chose encore gênerait votre posture sur le banc des accusés : le fils légitime de cette femme que vous prétendez être la vôtre, son fils, mon fils, pourrait être représenté au procès, criant vengeance contre vous, le beau-père, le faux père, le faux mari!... Il vous suffit d'envisager tant de suites fâcheuses pour vous retenir d'un excès.

GUILLAUME

Sur un point, oui, nous sommes d'accord : je n'ai pas l'intention de comparaître devant des juges...

MAX, ironiquement.

Vous voyez bien!

GUILLAUME

Voici toute la question : je viens de rendre à Marianne Le Breuil, ma femme, la disposition de sa personne, de sa conduite, de son avenir. Je l'ai affranchie de toute dépendance envers moi. Je ne la reverrai plus...

MAX

Libre à vous!

GUILLAUME

Attendez : de son côté, en même temps, elle
m'a exprimé la ferme volonté de ne vous revoir,
vous non plus, jamais!

MAX

Je ne m'attache pas à ce qu'elle aura pu pro-
mettre, sous votre influence, dans une exaltation
passagère.

GUILLAUME

Elle a spontanément promis qu'elle ne survi-
vrait pas à une honte nouvelle de vous appartenir
encore! Je me suis donné la mission d'empêcher
qu'à cause de vous elle se tue... Pour cela, je peux
désormais me tenir, embusqué dans l'ombre,
à veiller sur elle et contre vous! Ce parti, je
l'adopte immédiatement si vous prenez, vous,
l'engagement, — que je surveillerai, — de laisser
la pauvre créature pour toujours en repos.

MAX, violemment.

Ah ça! Vous me dictez des conditions! Vous pensez que je vais obéir!... C'est insensé!

GUILLAUME

C'est, au contraire, ma dernière lueur de raison... Prenez garde!

MAX

Je n'ai qu'une chose à vous répondre : vous avez pu renoncer à elle, parce qu'elle ne vous aime pas...

GUILLAUME

Misérable!

MAX

Moi, je sais que je suis aimé!

GUILLAUME, avec une fureur croissante.

Misérable!

MAX

Elle me repousserait que je ne la croirais pas!... Elle me chasserait que je reviendrais quand même!...

GUILLAUME

Misérable!

MAX

Je ne renoncerai pas à la femme qui m'aime et que j'aime! Je ne renoncerai jamais à elle, entendez-vous : jamais!

GUILLAUME

Vous avez prononcé votre condamnation.

MAX

Cela reste à savoir. Le sort des armes décidera. Convoquez vos témoins; je vais m'assurer des miens, pour un duel à outrance. L'un de nous disparaîtra.

GUILLAUME

Nous disparaîtrons tous les deux! Et l'on ne saura pas ce que nous sommes devenus!

MAX

Quoi? Que prétendez-vous?... Faites-moi passage!

GUILLAUME, lui barrant la route.

On ne sort plus par là! (Montrant le gouffre.) Voici
notre chemin!

MAX, se ruant vers son adversaire.

Place!... ou je frappe!

GUILLAUME, lui mettant la main au collet.

Allons, viens, don Juan!

(Un brusque corps-à-corps a lieu; et les deux hommes lut-
tant, haletant, s'effondrent dans l'abîme.)

SCÈNE XII

(La voix de Marianne résonne dans le fond d'une allée de gauche, appelant :)

Louis!... Louis!...

MARIANNE, seule, reparaissant.

On me dit que l'enfant me cherche dans le parc... Louis!... (Une jeune voix répond à droite, criant à la cantonade : « Maman! maman! ») **Où es-tu, mon petit?...**

SCÈNE XIII

MARIANNE, LE PETIT LOUIS.

LE PETIT LOUIS, entrant les bras jonchés de fleurs.

Maman! maman!

MARIANNE, le recevant dans ses bras.

Ah! te voilà, enfin!

LE PETIT LOUIS, présentant la gerbe à sa mère.

Regardez toutes ces immortelles que nous avons cueillies : il y en a de blanches! il y en a de rouges! il y en a de violettes presque noires!... Les voulez-vous?

MARIANNE, le couvrant de baisers.

Ce sont mes fleurs à présent!... Oui, tu me les donneras!... Mais rentrons!... Viens, ma vie! Viens, mon amour!

(Au long de la crête, sous laquelle sont étendus le vague silence et l'obscure paix de la mort, la mère achemine l'enfant vers le toit familial, où, à son tour, il va mûrir pour son destin.)

RIDEAU.

Achevé d'imprimer

le dix-neuf décembre mil neuf cent trois

PAR

ALPHONSE LEMERRE

6, RUE DES BERGERS, 6

A PARIS

I. — 4053.